Wolfgang Saaman · Effizient führen

Wolfgang Saaman

EFFIZIENT FÜHREN

Mitarbeiter erfolgreich machen

SPRINGER FACHMEDIEN WIESBADEN GMBH

CIP-Kurztitelaufnahme der Deutschen Bibliothek

Saaman, Wolfgang:
Effizient führen : Mitarbeiter erfolgreich machen / Wolfgang Saaman.
ISBN 978-3-322-92994-5   ISBN 978-3-322-92993-8 (eBook)
DOI 10.1007/978-3-322-92993-8

© Springer Fachmedien Wiesbaden 1990
Ursprünglich erschienen bei Betriebswirtschaftlicher Verlag Dr. Th. Gabler GmbH, Wiesbaden 1990
Softcover reprint of the hardcover 1st edition 1990

Lektorat: Ulrike M. Vetter

Alle Rechte vorbehalten. Das Werk einschließlich aller seiner Teile ist urheberrechtlich geschützt. Jede Verwertung außerhalb der engen Grenzen des Urheberrechtsgesetzes ist ohne Zustimmung des Verlages unzulässig und strafbar. Das gilt insbesondere für Vervielfältigungen, Übersetzungen, Mikroverfilmungen und die Einspeicherung und Verarbeitung in elektronischen Systemen.

Schrimpf und Partner, Wiesbaden
Satz: Buchdruckerei Loibl, Neuburg
Buchbinder: Osswald & Co., Neustadt/Weinstraße

ISBN 978-3-322-92994-5

Vorwort

Dieses Buch widme ich Dr. Olaf Mummert, dem Gründer der Mummert + Partner Gruppe, der ich seit 1984 als geschäftsführender Gesellschafter angehöre. Olaf Mummert ist für mich das Leitbild des Managers mit Herz und Verstand, ein Patriarch und Demokrat in einer Person, der das anerkennende Werturteil „Original" verdient. Ich habe ihn nie als bequem, aber auch nicht als bedrohlich erlebt. Gewiß, in manchen Punkten weiche ich erheblich von seinen Idealen, Grundsätzen und Ansichten ab. Daß er mich dennoch als Gesprächspartner ernst nimmt, spricht für ihn. Daß ich ihn ernst nehme, spricht ebenfalls für ihn. Führungsprofil bedeutet: von eigenen Meinungen angetrieben werden und trotzdem andere Meinungen zulassen können. Etwa zum Zeitpunkt des Erscheinens dieses Buches wird Olaf Mummert, mit 65 Jahren, aus der Geschäftsführung der Mummert + Partner Dachgesellschaft ausscheiden. Mit ihm geht ein Original ohne Nachfolger, auch wenn die Nachfolge geregelt ist; ein Förderer hinterläßt seine Spuren, die den Geförderten den Weg weisen. Ein Dirigent gibt seinen Taktstock ab.

Ich danke weit mehr als tausend Seminarteilnehmern, die über 12 Jahre durch kritische Ansichten und gezieltes Hinterfragen meine Anschauungen, Werte und Erfahrungen mit beeinflußt haben; meinen Mitarbeitern, die mir durch ihr Sosein verdeutlicht haben, daß zwischen theoretischem Anspruch und praktischem Tun die Lücke der Realität klafft und daß Führungswissen und Führungshandlung zuweilen zankende Geschwister sind.

Im besonderen danke ich Juliane Juhl für das Tippen des Manuskriptes und die zahlreichen damit verbundenen Anregungen, Sylvia Hoffmann, die mit ihrem letzten kritischen Blick Einfluß auf das Manuskript genommen hat, und der Lektorin des Verlages, Ulrike M. Vetter, mit der ich gemeinsam das zweite Werk im Gabler Verlag veröffentliche.

Erftstadt, im Februar 1990 *Wolfgang Saaman*

Inhalt

Vorwort 5

Einstimmung 9

1. Das Verständnis von Führung 13
2. Führungstypen 19
   2.1 Der Bilanzbuchhalter 20
   2.2 Der Geheimrat 22
   2.3 Der Bürokrat 24
3. Das andere Bild von Führung 27
   3.1 Der Dirigent 28
   3.2 Der Förderer 30
   3.3 Das Vorbild 33
4. Folgsamer Mitarbeiter — guter Mitarbeiter? 37
   4.1 A-Typen 41
   4.2 B-Typen 42
5. Führung auf den Punkt gebracht 45
   5.1 Sagen, was sein soll 49
   5.2 Beim anderen sein 78
   5.3 Optimieren und immer wieder optimieren 96
6. Mitarbeitergespräche 119
   6.1 Das Bedürfnisgespräch 134
   6.2 Das Klärungsgespräch 143
   6.3 Das Fördergespräch 146
   6.4 Das Konfliktgespräch 151
   6.5 Das Konsequenzgespräch 155
   6.6 Der Psychologische Vertrag 157

7. **Soziopotentielle Netzwerke, eine Lektion für Vorstände und Geschäftsführer** 161

8. **Das Gewinnspiel „Führung"** 183

Literatur 187

Stichwortverzeichnis 189

Merkmal großer Menschen ist, daß sie an andere weit geringere Anforderungen stellen als an sich selbst.

Marie von Ebner-Eschenbach

Einstimmung

Wir haben in der deutschen Wirtschaft zu viele Manager und zu wenige Führer. Für die nahe Zukunft besteht durch die weiter fortschreitende Vertechnisierung der Berufswelt die Gefahr, daß wir noch mehr Manager bekommen und von den wenigen Führern weitere verlieren werden. Zum Managen genügt das Gehirn, zum Führen sind außerdem Augen und Ohren erforderlich.

Gleich zu Anfang sei gesagt, daß der Leser bereit sein sollte, viele bisherige Denkgewohnheiten in Frage zu stellen, neu zu gruppieren oder ganz einfach aufzugeben, will er sich mit dem auseinandersetzen, was das vorliegende Buch zu bieten hat. Managen und Führen ist nicht dasselbe.

Dieses Buch handelt von Führung, nicht von Management. Für mein Verständnis besteht der wesentliche Unterschied darin, daß Führen ein zwischenmenschliches Thema und Managen etwas Instrumentell-Technisches ist. Führer sind Menschen, die auf andere einwirken, sie dadurch beeinflussen, eine Koordinatorenrolle einnehmen und Wegweiser sind. Manager sind Sachverwalter, Strategieproduzenten, Budgetprotagonisten und Ergebniskontrolleure. Managen ist ohne Menschen möglich, Führen immer nur mit Menschen. Wenn also im folgenden fortwährend vom „Führer" oder „Führenden" die Rede ist, dann sind zum Beispiel Sie gemeint, als Gruppenleiter, Abteilungsleiter, Bereichschef, Geschäftsführer oder Vorstand. Das Buch handelt davon, was Ihr Tun beim anderen auslöst, wie andere — die Mitarbeiter — Sie erleben, auf Sie reagieren oder sich offen und manchmal verdeckt verweigern oder einlassen.

Führen, das heißt für Mitarbeiter dasein, ihnen dienen — mit Erfahrung, Tips, Ideen dafür sorgen, daß andere gut werden. Qualifizierte Führer sind Wegbereiter, geben Rückendeckung und „verführen" andere dazu, das Beste zu geben und dabei noch zufrieden zu sein. Sie stehen ihren Mitarbeitern nicht im Licht, sondern beschaffen es ihnen. Um das zu erreichen, hilft es wenig, „Managementtechniken" gelernt zu haben und „Unternehmensführungsstrategien" umsetzen zu wollen. In der heutigen Managementlandschaft haben wir zu viele Technokraten und zu wenige Persönlichkeiten. Zum Führen gehört die Auseinandersetzung mit dem eigenen Innenleben, mit dem, was das Wesen des Menschen ausmacht. Wenn sich dies durchgesetzt hat, können wir uns die vielen Diskussionen um Unternehmenskultur, Führungstechnik und dergleichen mehr sparen und statt dessen zur Tagesordnung übergehen, die lautet: Machen statt darüber zu reden. In Ihrer Firma werden Sie nicht mehr Unternehmenskultur erreichen, als sich durch die Summe der gelebten Werte der Verantwortlichen errechnen läßt. Und der Erfolg, der dabei herauskommt, kann nicht größer sein als die vorgelebte Leistung.

Wenn es mir gelingt, daß Sie über sich selbst und über die, auf die Sie Einfluß nehmen können, nachdenken, habe ich das von mir geplante Ziel voll erreicht. Meine Erfahrung als Berater, Trainer und selbst Führender lehrt mich täglich aufs neue, daß es einen einheitlichen Führungsstil weder geben kann noch geben sollte. Führer dürfen alle möglichen Fehler machen, nur den einen nicht: so tun, als wären sie fehlerfrei.

Ich bin davon überzeugt, daß wir das technologische Zeitalter bald als Geschichte schreiben können. Damit wird eine neue Epoche anbrechen, in der die Kompetenz im Umgang mit Menschen weitaus bedeutungsvoller wird als das Verständnis von Funktionen, Daten und Abläufen. Es wird eine Renaissance der Führer geben, die allerdings mit anderen Qualitätsmerkmalen ausgestattet sein werden, als der Begriff „Führer" dies mit Blick auf die politische Vergangenheit assoziiert. Das verlangt eine Umstellung alter

Denkgewohnheiten. Führer der Zukunft werden dadurch Ansehen bekommen, daß sie anderen zu Ansehen verhelfen, und dadurch Mittelpunkt werden, daß sie andere in den Mittelpunkt stellen.

1. Das Verständnis von Führung

Wer eine Gesamtdarstellung von Managen und Führen erwartet, möge nach Handwörterbüchern oder lexikalischen Werken Ausschau halten. Wer auf der Suche nach „dem" Führungsmittel, „der" alle Probleme lösenden Führungstechnik oder „dem" Führungssystem schlechthin ist, wird andere Autoren finden, die dererlei Hoffnungen einzulösen versuchen.

Hier schreibt jemand, der mit Begriffen wie „Führungstechniken" und „Managementsystemen" wenig anfangen kann — davor sei gleich zu Anfang gewarnt. Ich bin davon überzeugt, daß einzig und allein konkretes Tun den qualifizierten Führer ausmacht. Es gibt zu viele, die zerreden, was sie nicht (vor-)leben, theoretisieren, was sich beim ersten Durchführungsversuch in ein Nichts auflöst. Menschen sind in Betrieben keine Versuchsmedien für Managementstrategien, die vielfach das Papier nicht wert sind, auf das sie dutzendfach kopiert werden. Es ist besser, einfach auf die Mitarbeiter zuzugehen, um sie zu fragen, wie von ihnen Führung erlebt wird, als jedes Jahr eine neue Theorie zu probieren. Niemand kann Führungskräfte besser beurteilen als die ihnen nahestehenden Mitarbeiter. Aber diese Mitarbeiter werden vielfach nicht danach gefragt, wie sie geführt werden möchten, um erfolgreich sein zu können. Statt dessen wird über „Motivationsprogramme" nachgedacht.

Wirklich erfolgreiche Führer stellen die Mitarbeiter in den Mittelpunkt, nicht sich selbst. Sie feiern mit ihnen Errungenschaften (durch neue Ideen), Beteiligungserweiterungen (am Entscheidungsprozeß), kleine Taten (anstatt große Planungen) und ein menschengerechtes Arbeitsklima (das allen bekommt, den Chefs ebenso wie den Mitarbeitern).

Der in unserer Zeit berühmt gewordene Physiker Stephen W. Hawking, von dem „Der Spiegel" sagt, er sei „ein Jahrhundertgenie wie Albert Einstein", bekennt in seinem 1987 erschienenen Werk

„Eine kurze Geschichte der Zeit — die Suche nach der Urkraft des Universums" zum Thema Theorienbildung: „Eine Theorie existiert nur in unserer Vorstellung und besitzt keine andere Wirklichkeit."

Genau das erklärt das Problem mancher Unternehmen, Abteilungen und Gruppen, in denen Führungstheorien als Leitbild für die Führungsarbeit im Alltag herangezogen werden. Hier — in diesem Buch — hat Praxis Vorrang vor jeder noch so ausgeklügelten Theorie. Meinem Ansatz fallen dabei sogar die ursprünglich von Kurt Lewin begründeten und bis heute noch als immer wieder neu aufgewärmten Führungsstil-Theorien zum Opfer.

Wenn vom „Kooperativen Führungsstil" die Rede ist, dann hat das nur Sinn, wenn die angeblich so Geführten spüren, daß es sich dabei um eine positive Sache handelt, die zum Mitdenken, Mitentscheiden und Mitmachen einlädt.

Durch meine Tätigkeit als Trainer habe ich Einblick in zahlreiche deutsche Großkonzerne. Ebenso erlebe ich, was in kleinen Betrieben den Führungsalltag ausmacht. Wenn ich mich dabei — neben allem Positiven — auf das Negative im Führungsbereich konzentriere, dann gibt es viele Gemeinsamkeiten zwischen Groß und Klein, bis auf einen gravierenden Unterschied: In großen Unternehmen bekennt man sich zum kooperativen Führungsstil, in kleinen weiß man oft nichts mit diesem Begriff anzufangen. Gemeinsamkeiten lassen sich dann häufig in den Auswirkungen entdecken, denn zwischen Nicht-Wissen und Nicht-Leben sind die Ergebnisunterschiede kaum wahrnehmbar.

Dabei wollen alle Manager dasselbe: den Erfolgstopf am Kochen halten oder — akademisch — die Effizienz optimieren. Joachim Zahn, der frühere Daimler-Benz-Chef, wollte einmal vor dem erlauchten Vorstandsgremium ein Referat über Scheibenbremsen halten. Auf den empörten Einwand seiner fachlich hierfür kompetenten Kollegen, wieso er sich als technisch inkompetenter Jurist ein solches Thema anmaße, antwortete Zahn: „Eben deshalb, hier redet schließlich jeder über Dinge, von denen er nichts versteht. Dieses Vergnügen möchte ich auch einmal haben.'"

Erfolg von Menschen geht nur mit Menschen. Wer diesen Erfolg will, muß etwas von Menschen, nicht von Juristerei, Betriebswirtschaft oder Ingenieurwesen verstehen. Führer zu sein ist nicht einfach eine Nebenrolle, sondern eine gewichtige Hauptaufgabe. Bei der Lufthansa werden Kapitäne zur See nicht angenommen, umgekehrt hat kein Lufthansapilot Aussichten auf eine Kapitänsmütze bei der Marine.

Führen ist eine eigenständige, verantwortungsvolle Aufgabe. Menschen zu führen bedeutet, in ihr Seelenleben einzugreifen. Dies kann nur dann Aussicht auf gutes Gelingen haben, wenn die Führer Führung nicht über Bilanzzahlen, Quartalsergebnisse, zusammenhanglos aufgestellte Zielvorgaben anstreben. Es bedarf vielmehr eines Verständnisses der komplexen Vorgänge, die sich gedanklich und gefühlsmäßig in einem Menschen abspielen.

Als Modell für das, was in einem Menschen vorgeht, bietet sich immer eine Reise in das eigene Ich an. Nicht mit dem Düsenjet, sondern am besten mit dem Tempo einer gemächlichen Postkutsche, um alle Ecken und Kanten, Hügel und Täler, Licht- und Schattenspiele mitzubekommen. Da erlebt sich auch derjenige von seiner menschlichen Seite, der glaubt, sie unter dem Zweireiher verstecken zu können. Es sei denn, er ist ein gemütsflacher Mensch, der nur wenig erlebt und verarbeitet, was in und mit ihm geschieht.

Führung ist eine herausragende Angelegenheit. Menschen brauchen Orientierung und Vorbilder. Machen ist gefragt, Macht dagegen wenig einladend auf dem Weg zur Leistung. Manche Kritiker haben mir vorgeworfen, daß ich in meinem Buch „Alternatives Führen" die Führungsproblematik zu stark vereinfacht habe. Das motiviert geradezu, in diesem Buch die Dinge noch einfacher darzustellen, damit die Beschreibung der Wirklichkeit am nächsten kommt.

Unternehmensführung und daraus folgend Führung auf den übrigen Hierarchie-Ebenen läßt sich auf eine einfache Formel bringen:

— vorleben, was verlangt wird,
— Orientierung und Unterstützung geben,
— Freiräume gewähren,
— Leistung belohnen,
— Querdenker und Innovative fördern,
— sich selbst permanent in Frage stellen.

Führung hat mit innerer Einstellung, mit den Werten innerhalb der eigenen Persönlichkeit zu tun. Der Vogel empfindet sowenig Gefallen unter Wasser wie der Fisch in der Luft. Dennoch haben beide ihren Platz im biologischen System. Wer sich für andere Menschen nicht wirklich und leidenschaftlich engagieren kann, wird immer Schwierigkeiten mit seiner Führungsrolle haben, da helfen weder Seminare noch Beförderungen. Wer dagegen im Innersten seines Wesens akzeptiert, daß Führen heißt, andere erfolgreich zu machen, erweist sich als entwicklungsfähiger, lernbegieriger Schüler. Seine Lehrer sind andere Führer, Mitarbeiter, Führungstrainer und gelegentlich Autoren, nicht zu vergessen, er selbst. Es gibt drei Wege, klüger zu werden:

— den über Erfahrungen,
— den mittels Imitation,
— den aus eigenen Ideen gepflasterten.

Dieses Buch soll den Leser mit sich selbst in Kontakt bringen. Es möchte Sie anregen, über Ihr Umfeld, Ihre Möglichkeiten und Ihr Handeln nachzudenken. An vielen Stellen des Textes wird beschrieben, was nicht sein soll; überwiegend stelle ich aber heraus, was sich lohnt auszuprobieren, beizubehalten oder anzustreben. Jeder Führende hat die Chance, sein Führungsverhalten so einzurichten, daß Mitarbeiter gern und damit engagiert für und mit ihm arbeiten. Zielparolen, Leistungsappelle oder Lippenbekenntnisse bleiben wirkungslos, wenn die menschliche Nähe, Vertrauen in die Person, Ernsthaftigkeit und Dauerhaftigkeit bei ihm selbst nicht erkennbar sind. Mitarbeiter wollen als Menschen und nicht als Objekte wahrgenommen und behandelt werden.

Allerdings gibt es Führer, die durch Worte und Handlungen bei den meisten der Mitarbeiter auf Ablehnung stoßen, auch wenn es sich dabei oftmals um verdeckte, also nicht offen ausgetragene Verweigerungsakte handelt. Fehler dürfen auch Führer machen, aber es ist ein unverzeihlicher, zudem folgenschwerer Fehler, darauf nicht ansprechbar zu sein.

2. Führungstypen

Die meisten Führenden können eine exakte Beschreibung ihrer Führungskompetenz geben, und die sieht immer positiv aus. Kaum einer sagt: „Eigentlich bin ich kein richtiger Vorgesetzter, aber mir gefällt das Image eines Chefs so gut, deshalb bleibe ich es." Für einige würde eine solche Aussage ein hohes Maß an Selbstkritik und Mut zur Einschätzung der wirklichen Situation voraussetzen. Menschen neigen aber dazu, sich ihre Realität so zu formen, wie sie sie gerade gebrauchen können. Manche tun dies ein bißchen, andere ein bißchen mehr, einige ein bißchen zu viel. Die meisten Führer sehen sich auch dann in einem rosigen Licht, wenn sie längst um sich herum eisige Kälte durch lange Schatten verbreitet haben.

Die Befähigung zur kritischen Selbsteinschätzung wird zwar allgemein als wichtige Führungseigenschaft anerkannt, nur hapert es vielerorts mit der Durchführung. Die Situation ist durchaus vergleichbar mit der von Autofahrern. Wenn man die Selbsteinschätzungen an Fahrqualitäten summiert, steht man vor einem unlösbaren Rätsel: Woher kommen eigentlich die zahlreichen Unfälle? Und an den Stammtischen lobt jeder seine eigenen Fahrkünste, wie Führungskräfte zu gegebenen Anlässen ihren Führungsstil in einer Weise glorifizieren, daß man glauben muß, allein die Mitarbeiter hätten alles Mißlingen in den Betrieben zu verantworten.

Gelesen werden solche Worte ohne Protest, weil kaum jemand dabei ein schlechtes Gewissen bekommt, wenn er an seine Situation denkt. Wenn es bei Ihnen anders wirkt, sind Sie eine Ausnahme. Dann gehören Sie vermutlich zu der Gruppierung Führer, die von sich selbst mindestens ebensoviel verlangen wie von anderen.

Das Problem besteht im allgemeinen nicht darin, Fehler zu machen, als vielmehr, sie zu verheimlichen. Vor anderen und vor sich selbst. Als Autor und Trainer habe ich die Erfahrung gemacht, daß diejenigen, die sich mit ihren Fehlern auseinandersetzen, akzeptierte, weil veränderbare Chefs sind. In aller Regel ist Veränderung nicht eine Frage des Könnens, sondern des Wollens.

Jeder, der durch die bisherigen Darstellungen, so oder so, nachdenklich geworden ist, soll die Gelegenheit haben, sich selbst einzuschätzen, ob er möglicherweise mehr oder minder zu einem der aufgezeigten Führertypen verhaltensmäßig neigt. Da Einfachheit die beste verständliche Form von Anschauung ist, sollen nicht mehr als drei problematische Charaktere beschrieben werden. Ich möchte hier von sogenannten „nebenamtlichen" Führern sprechen, ungeachtet der von ihnen hauptamtlich ausgehenden Macht.

2.1 Der Bilanzbuchhalter

Manager haben Werte, Normen, Ansichten und Meinungen. Am meisten verbreitet ist wohl die, ein Unternehmen könne in seiner Leistung am besten an Erfolgszahlen gemessen werden.

Solcherlei Denkfehler gehen so weit, daß wir im Straßenverkehr von einer Verbesserung von 10 Prozent sprechen, wenn auf unseren Straßen statt 8 000 „nur" 7 200 Menschen sterben. Es ist alles eine Frage von statistischen Relationen. Was sind schon 7 200? 10 Prozent Verbesserung, das ist der Faktor, der zählt.

Beim Baumsterben haben wir neuerdings ebenfalls Erfolge zu verkünden. Gebietsweise haben sich die jährlichen Zuwachsraten der absterbenden Bäume um x Prozent verlangsamt. Ein beträchtlicher Erfolg, der gefeiert werden muß — oder? Wenn nach allgemein anerkannten Einschätzungen die Erdölvorräte weltweit noch für 50 Jahre reichen, dann darf doch sicher triumphiert werden, wenn Wissenschaftler den Einschätzungsfehler erkennen und mathematisch auf 55 Jahre kommen?

Der Bilanzbuchhalter unter den Führern ist geradezu fasziniert von solchen scheinbaren Erfolgsdaten. Er kämpft überzeugt für noch mehr Statistik, schnellere Datenübermittlung, häufigere Plan- und Zielkonferenzen. Das ganze Leben ist bilanzierbar. Betriebswirtschaftlich wird gespart um jeden Preis, koste es, was es wolle! Jeder Mitarbeiter ist ein Kostenfaktor. Weniger Mitarbeiter, weniger Kosten. Jede Mark Umsatz dient dem Wachstum. Überhaupt ist alles quantitativ erfaßbar, die Kosten für Forschung und Entwicklung, Marketing und Werbung, das Personalwesen, die Produktion, den Kundendienst, die EDV, die Mitarbeitermotivation und generell alles, was sich während der Dienstzeit bewegt oder bewegen sollte. Gemeinkostenwertanalysen sind auch dann das Beraterhonorar wert, wenn sie nichts wert sind. Das Ergebnis zählt. Wer interessiert sich schon dafür, wie es zustande gekommen ist und welchen Blickwinkel man einnehmen muß, um es richtig zu interpretieren?

Wie führt der Bilanzbuchhalter in der täglichen Praxis? Ganz einfach: indem er Analysen in Auftrag gibt, Datenblätter auswertet, Strategiekonferenzen einberuft und zahlenorientiert abwickelt und dabei relative Daten und Fakten mit realen verwechselt. Alles scheint meßbar, berechenbar, objektiv kalkulierbar. Verständlich aus der Sicht des Bilanzbuchhalters. Er hat immer die Argumente auf seiner Seite, weil er „obwohl" und „weil" verwechselt. Der Bilanzbuchhalter hat auf alle Ergebnisse die schlüssige Antwort, „weil es so ist, hatten wir Erfolg" — soweit es ihn selbst betrifft — und „obwohl wir alles versucht haben, haben die da es nicht geschafft", wenn es die anderen betrifft.

Es gibt noch eine zweite Variante der Verwechslung von „obwohl" und „weil": „Weil wir uns so verhalten haben, können wir stolz auf das vorliegende Ergebnis sein", oder: „obwohl wir uns so verhalten haben . . .". Die Verwechslung eines einzigen Wortes fällt für den Bilanzbuchhalter nicht weiter ins Gewicht, ein Wort von zigtausend macht prozentual soviel aus wie eine DM in der Millionenbilanz. Die wird ganz einfach ausgebucht.

Für den Bilanzbuchhalter muß alles berechenbar sein. Für ihn fällt eine Eisenkugel mit 10 Kilogramm Gewicht mit höherer Geschwindigkeit als eine Kugel vergleichbarer Beschaffenheit mit einem Kilogramm Gewicht. Nach den Einschätzungen von Aristoteles ist diese Vermutung auch richtig. Aber das war 340 vor Christus. Seit Galilei und Newton ist die Physik eines Besseren belehrt. Galileis Messungen bildeten die Grundlage der Bewegungsgesetze, die Newton entwickelte. Wenn ein Gegenstand fällt, wirkt stets dieselbe Kraft auf ihn ein (sein Gewicht) — mit der Konsequenz, daß seine Geschwindigkeit konstant zunimmt, und zwar unabhängig von seinem Gewicht, weil

1. ein Körper seine Geschwindigkeit proportional zur Kraft verändert (bei doppelt so großer Kraft verdoppelt sich auch seine Beschleunigung) und
2. die Beschleunigung um so kleiner ist, je größer die Masse (wenn die gleiche Kraft auf einen Körper von doppelter Masse einwirkt, wird die Beschleunigung auf die Hälfte reduziert).

Wir haben es hier mit einer sogenannten ausgleichenden Gesetzmäßigkeit zu tun.

Wo läßt sich eine Parallele zur Führungspraxis finden? Wenn ein Führer eine Gruppe von 50 Mitarbeitern zu 50 Prozent frustriert, sagen wir, in Folge ungeeigneter Maßnahmen, dann muß er als Gegengewicht eine andere Gruppe von 50 Mitarbeitern zu 50 Prozent über den bisherigen Stand hinaus motivieren, um mathematisch auf Null zu kommen. Führer des Typus Bilanzbuchhalter sind aber durchaus in der Lage, 100 Mitarbeiter zu 100 Prozent zu frustrieren, zum Beispiel durch Rationalisierungsstudien, Gemeinkostenwertanalysen und dergleichen, ohne vorher zu wissen, woher sie das ausgleichende Gegengewicht nehmen wollen, um überhaupt wieder auf die Ausgangsbasis zurückzufinden.

2.2 Der Geheimrat

Der Geheimrat ist der noble unter den Führern. Nicht nur, daß er ein besonders repräsentatives Büro, oftmals mit ausgewählten

Kunstgegenständen, sein eigen nennt, mehr noch: das gesamte ihn umgebende Ambiente erscheint so herrschaftlich, daß zwischenmenschlicher Kontakt immer nur von unten nach oben (aus der Mitarbeiterperspektive) oder von oben nach unten (aus der Chefperspektive) möglich ist. Äußerlichkeiten sind dem Geheimrat weit wichtiger als Taten. Es gibt weder Probleme noch Kontroversen. Die Stimmung gleicht der bei Hofe. Stinkendes wird unter den Tisch gekehrt, das Tischtuch strahlt zu jeder Zeit blütenweis. Er reagiert auf gute Manieren und Höflichkeit, die in Wirklichkeit getarnte Unterwürfigkeit verkörpern.

Er schreit nicht und ist doch dominant. Wer ihm widerspricht, wird von seinen Gewährsleuten elegant beiseite geräumt. Er selbst übernimmt allenfalls bedauernde oder weglobende Worte in einem Nebengespräch, um auch in diesem Fall die marketingträchtige Verbreitung seines „guten Images" nicht auszulassen. Er stuft sich als weitaus wichtiger für den Erfolg des Unternehmens ein als alle seine Mitarbeiter zusammen. Mißerfolge schreibt er unfähigen Mitarbeitern, gute Ergebnisse seinem Wirken zu. Er klassifiziert deutlich, um in jeder Situation den Unterschied zwischen sich und Untergeordneten sichtbar werden zu lassen.

Der Geheimrat macht seiner Typologisierung auch auf einem anderen Gebiet alle Ehre. Er verstreut Geheimnachrichten und ist dabei verschlossen. Als Tarnung spielt er den Aufgeschlossenen, der für jeden ein Herz hat und dazu ein offenes Ohr. Er informiert nicht über das, was ist, sondern so, wie er sich vorgeplante Wirkungen durch seine Nachricht erhofft. Ihm sind die Mitarbeiter am liebsten, die ihm Informationen zuspielen, die für die Öffentlichkeit eigentlich nicht bestimmt sind. Dafür ist er dann im Gegenzug auch bereit zu belohnen. Wer ihm zuarbeitet, kommt im Unternehmen weiter. Wer dagegen Kritik übt, die sich gegen den Geheimrat richtet oder richten könnte, wird in erwähnter Weise „umgetopft". Er will keine eigenständigen Mitarbeiter, sondern folgsame Zuarbeiter. Gegenüber der Öffentlichkeit gibt er allen Vorkommnissen einen effektvollen Glanz. Er rückt die Dinge in das richtige Licht, wobei er allein die Meßlatte für richtig oder falsch festlegt.

Während sich beim Bilanzbuchhalter alles um Zahlen dreht, die sich nach außen gut verkaufen lassen, kommt es dem Geheimrat mehr auf strahlende Fassadenwirkung unabhängig von der inneren statischen Stabilität an. Hier könnte man auch vom Lindenstraßeneffekt sprechen. Wer sich beim WDR einmal die Aufbauten für die Lindenstraße angesehen hat, weiß, daß alles Dekoration ist. Die Aufbauten wirken wie echte Häuser. Von innen ist alles hohl, wenn nicht gar die Fassaden von hinten nur mit einer Balkenkonstruktion gehalten sind, soweit das Kameraobjektiv die Konstruktion vor dem Auge des Zuschauers verborgen hält.

Was der Geheimrat tatsächlich leistet, oder an Schäden hinterläßt, wird zumeist erst von seinen Nachfolgern aufgedeckt. Dagegen hat man während seiner Amtszeit eher den Eindruck, er ist geradezu der ideale Manager, der jedes Problem in den Griff bekommt und für alle das Beste gibt, für den Aufsichtsrat — oder den Vorgesetzten — andere Abteilungen im Hause, die Mitarbeiter, die Kunden.

2.3 Der Bürokrat

Der Bürokrat ist der Architekt der Ordnungsprinzipien. Alles muß seinen geregelten, vorher festgelegten Gang gehen. Weniger der Inhalt eines Papiers ist für den Bürokraten interessant als vielmehr die Art und Weise der Aufmachung. Er findet Kommafehler, übersieht aber, daß die Darstellungen am Thema vorbeigehen.

Man könnte ebenso vom Manager der Planwirtschaft sprechen, womit sich durchaus Parallelen zu seinem Kollegen, dem Bilanzbuchhalter zeigen. Allerdings ist eine sauber geschriebene Bilanz mit roten Zahlen für den Bürokraten eher denkbar als eine geschmierte mit schwarzen. In Seminaren fällt der Bürokrat besonders auf. Er läßt sich eher vom äußeren Rahmen ablenken — perfekte Raumausstattung, ordentliches Essen, sauber gezeichnete Flip-Charts oder Metaplanwände, gründlich strukturierte Pausenzeiten —, als er vom Inhalt und vom Prozeß eines Seminars positiv angezündet wird. Er beansprucht seinen festen Stammplatz und reklamiert Angelegenheiten, die andere als Kleinkram abtun, weil sie in aller Regel tatsächlich Nebenschauplätze ausleuchten und die eigentliche Bühne des Geschehens unter Schatten setzen. Er möchte für alles Checklisten, Gebrauchsanleitungen und instrumentelle Hilfen und macht mit seinen Forderungen auch vor der Individualität der Psyche des einzelnen nicht halt. Er möchte alles systematisieren, kontrollieren, strukturieren und damit in feste Formen gießen.

Würde er einen Baum pflanzen, er würde vermutlich das Wachstum des Wurzelwerks vorher bestimmen wollen, um im Boden entsprechende betonausgegossene Kanäle anzulegen, aus denen die Wurzeln ihre Nahrung beziehen. Er ist der Kleingärtner der Organisation. Was nicht so wächst, wie es der eigenen Vorstellung entspricht, wird angebunden, heruntergeschnitten und künstlich gedüngt. Die Mittel der Büroorganisation und -technik kommen ihm ausgesprochen zugute. Er hält sich diesbezüglich gern auf dem neuesten Stand. Wenn kreatives Denken in den Rahmen paßt, kommt es ihm gelegen. Innovative Glanzstücke auf einem Notizblatt erscheinen ihm von vornherein verwerflich. „Wer nichts gründlich gestaltet, kann auch nichts Gescheites denken", lautet seine Devise. Beim Bürokraten steht das „Wie" vor dem „Was".

Der Bürokrat hält Kontrollen für wichtiger als Begeisterung. Er hält Strategien, die Ordner füllen, ohne von jemandem verstanden worden zu sein, für wirkungsvoller, als Motivation, geistige Miteigentümerschaft, Mut, Pioniergeist und dynamische Bewegung in allen Ecken des Betriebs. Es darf sich nichts in Bewegung setzen, bevor nicht alle Risiken sorgfältig geprüft und kalkuliert sind. Genialität, Sturmdrang, positive Unruhe sind für den Bürokraten entweder gar nicht oder nur nach vorher festgelegtem Ablaufplan denkbar.

Vom Geheimrat unterscheidet sich der Bürokrat dadurch, daß ihm sein äußeres Wirken kaum etwas bedeutet. Hauptsache, alles frei

Bewegliche ist angegurtet oder durch Käfige geschützt. Hier werden Bergtouren nicht mit dem Seil, sondern mit der Stange durchgeführt. Für alles lassen sich Regeln aufstellen. Rituale werden gepflegt, und zum Graben der Denkrillen wird rechtzeitig in den entsprechenden Maschinenpark investiert. Handbücher, Berge von Aktennotizen, Funktionsbeschreibungen und Strukturpläne beschäftigen die Mitarbeiter — und den Führer selbst — mehr als konkretes Handeln, sinnvolles Nach-vorn-Marschieren und Tatendrang.

3. Das andere Bild von Führung

So nachdenklich oder heiter die Beschreibungen von Führungsfehlern auch stimmen können, will ich mir nicht den Fehler vorwerfen lassen, der in Führungskreisen weit verbreitet ist: sich nur mit dem zu beschäftigen, was *nicht* sein soll. Das menschliche Gehirn kann sowieso nur eine Sorte von Signalen empfangen und verarbeiten, nämlich die, die es in Funktion setzen. Wir können unserem Gehirn nur sagen, was es gedanklich oder aktionsgemäß tun soll. Das Gehirn wertet auch das „Tu-es-nicht-Signal" als „Tu-es-Signal" aus. Es setzt gewollte Vermeidung in eine — zumindest gedankliche — Tat um.

Wenn ich Sie bitte, jetzt an alles zu denken, nur *nicht* an Ihren letzten Urlaub, so tut Ihr Gehirn paradoxerweise das Gegenteil von dem, was ich will. Um den Satz überhaupt verarbeiten zu können, sucht es automatisch nach Erinnerungen an den letzten Urlaub. Angenommen, Sie haben bisher noch niemals Urlaub gemacht oder der letzte liegt lange zurück, dann meldet Ihnen Ihr Gehirn, daß es mit dem Begriff nichts anfangen kann, oder es gestaltet den Auftrag um. Letzteres könnte dazu führen, daß Sie gedanklich eine assoziative Verbindung zum Thema Urlaub herstellen, ohne daß es sich dabei um Ihren eigenen handelt.

Wollen Sie einen zweiten Versuch wagen? Gut, dann denken Sie jetzt *nicht* an die Farbe Blau! — Nun? Schon wieder begibt sich Ihr Gehirn in die Paradoxie, das Gegenteil vom Verlangten zu tun. Sie denken ganz automatisch an Blau, weil Blau in Ihrem Gehirn als bildhafte Vorstellung gespeichert ist. Anstatt es — wie verlangt — nicht zu tun, macht es Ihr Gehirn. Um den Begriff Blau zu verarbeiten, gibt Ihnen Ihr Gehirn eine Vorstellung von Blau.

Wenn ich vorwiegend beschreibe, was Sie als Führer *nicht* tun sollen, dann werden Sie ab jetzt daran denken, was Sie alles vermeiden könnten, und es damit tun. Andererseits ist es hilfreich, dem Thema (positive Führung) das Gegenthema (negative Führung) gegenüberzustellen, um zu verdeutlichen, was ich überhaupt meine.

Der wirkliche und wirksame Führer ist *Dirigent, Förderer* und *Vorbild*. Er sollte die Eigenschaften des Dirigenten, des Förderers und des Vorbildes in sich vereinigen.

Ich habe meine Tätigkeit als Führungstrainer in einer Zeit begonnen, in der es noch gang und gäbe war, an „honorigen" Führungsakademien das Thema im Frontalunterricht theoretisch oder als reine Kopflektion abzuhandeln. Das war vor knapp 15 Jahren. Damals wurden Veranstaltungen nach dem Muster eines Führungsverhaltenstrainings zwar schon durchgeführt, aber sie galten noch als exotisch. Inzwischen hat die Persönlichkeitsarbeit in Führungsseminaren stark an Boden gewonnen, aber die Lobby der quasimilitärischen Führungspäpste, die mit Geschichten, Ratschlägen, Zeigefingerbotschaften und Overheadfolien als Lehrmeister zum „Kooperativen Führen im Mitarbeiterverhältnis" mahnen und dabei Gehör finden, hat nicht abgenommen. Von solchem „Führungstraining" wollen wir uns klar distanzieren. Wir wollen sensibilisieren, keine Ratschläge austeilen (auch Ratschläge sind Schläge); nachdenklich stimmen, nicht mit dem Zeigefinger mahnen; anregen, nicht belehren. Mit „wir" meine ich alle Trainer unseres Teams. Weder der Dirigent noch der Förderer und auch nicht das Vorbild, getrennt gesehen, machen den guten Führer aus, der durch sein Tun Menschen in Bewegung bringt. Die folgende Unterscheidung soll dem besseren Verständnis dienen, und sie soll es Ihnen erleichtern, Ihre eigenen Führungsneigungen zu betrachten.

3.1 Der Dirigent

Es hieße, sich mit fremden Federn schmücken, würde ich verheimlichen, daß die Gedankenkombination Manager/Dirigent von

Peter F. Drucker ausgeht, der in seinem Buch „The Frontiers of Management" 1986 vom „Zeitalter der Dirigenten" in der Führung spricht. Danach werde — so Drucker — besonders das Großunternehmen eine in eine völlig neue Richtung gehende Entwicklung durchlaufen, die herkömmlichen Kommandostrukturen werden abgelöst. Die Organisation von morgen sieht Drucker einerseits durch den zunehmenden Bedeutungsgrad von Spezialisten geprägt, die einen engen Kontakt zu Kunden und zur Führungsspitze halten, andererseits durch ein neues Selbstverständnis von Managern, die in überschaubaren Einheiten ähnlich wie ein Dirigent für Harmonie und damit ein gemeinsames Klangbild sorgen. Soweit stimme ich mit Drucker überein. Allerdings meint er, daß das mittlere Management nicht nur an Bedeutung verliere, sondern sogar überflüssig werde. Diese Einschätzung kann ich nicht teilen. Ich verwende denselben Begriff wie Drucker, meine aber etwas zum Teil gravierend anderes.

Erstens bin ich für überschaubare Einheiten und zweitens für mehr Autonomie dieser Einheiten. Ich denke im Gleichklang mit Tom Peters zu sein, der in allen seinen Veröffentlichungen — gestützt auf Untersuchungen, die zwischen erfolgreichen und erfolgslosen Unternehmen unterscheiden — eigenständige operative Einheiten und möglichst kleine Stäbe und Zentralen fordert. Dirigieren in der Managementpraxis heißt danach, nicht der beste Geiger, nicht der bessere Pianist, nicht der Meister jedes Instruments sein zu wollen, sondern sich auf die eigene — wichtige — Rolle zu konzentrieren: anderen den Takt anzugeben und für eine möglichst perfekte Symphonie zu sorgen. Der beste Verkäufer muß nicht der beste Verkaufsleiter, der beste EDV-Spezialist nicht der beste EDV-Leiter, der beste Ingenieur nicht der beste Geschäftsführer einer Maschinenbaufirma sein.

Ein Dirigent muß von allem etwas verstehen, sein Publikum (Kunden!) im Auge haben und wissen, daß seine Musiker die eigentlichen Stars sind, die er „leiten" darf. Er ist die Summe der guten Fähigkeiten, indem er gute Einzelleistungen zu koordinieren versteht. Er weiß, daß Ruhm, Ansehen und Akzeptanz am leichtesten dadurch zu bekommen sind, daß man andere in den Vordergrund rückt. Aus wessen Gruppe gleich mehrere exzellente Spezialisten hervorgehen, der muß selbst gut sein! Erstklassige Führer sind von erstklassigen Mitarbeitern umgeben, zweitklassige in der Regel nur noch von drittklassigen.

Mit welcher Geschwindigkeit entfernen sich bei einem Luftballon zwei Punkte voneinander, die anfangs zusammen liegen, wenn er aufgeblasen wird? Mit konstanter oder zunehmender Geschwindigkeit? Den Gesetzen der Physik zufolge wissen wir, daß die Geschwindigkeit der Abstandsvergrößerung zunimmt, je größer der Abstand wird. Wenn diese nachmeßbare Theorie auch auf Führungssituationen anzuwenden ist, hätten wir eine Erklärung dafür, warum schwache Führer gegenüber ihren schwachen Mitarbeitern relativ gut dastehen. (Erstklassige haben Erstklassige, Zweitklassige Drittklassige!)

Der Dirigent steht niemals in Konkurrenz zu seinen Mitarbeitern. Schon von der Aufgabenzuordnung her ist ein Konkurrenzverhältnis ausgeschlossen. Er ist Teamchef, Repräsentant und damit verantwortlich für das, was zu hören und zu sehen ist: das Ergebnis. Er kann nicht sagen, weil der zweite Trompeter falsch gespielt hat, ist die Symphonie daneben gegangen. Das Publikum erwartet von ihm, daß er nach außen für das ganze Orchester einsteht; unabhängig davon wird er Mißtöne im Orchester selbst — aber bei Proben und hinter verschlossenen Türen — so zu bearbeiten wissen, daß das angestrebte Ergebnis, als Ziel definiert, realisierbar ist.

3.2 Der Förderer

Eigentlich gibt es nur zwei Methoden, auf den Erfolg eines Betriebes Einfluß zu nehmen: die Mitarbeiter zu qualifizieren oder sie auszuwechseln. Kompromisse zwischen beiden Extremen sind zwar täglich gelebte Praxis, aber es sind faule Kompromisse.

Dazwischen steht allerdings noch die Frage, ob ein bestimmter Mitarbeiter oder eine Gruppe Führung (Einfluß) braucht. Wenn nicht, dann ist es nur allzu konsequent, diesen Mitarbeiter oder diese Gruppe durch Führung nicht schlechter zu machen, als es ohne Führung der Fall wäre. Zwar braucht jede Führungskraft Mitarbeiter, um überhaupt führen zu können — aber umgekehrt?

Aus der Soziometrie (Erforschung der Beziehungsstrukturen innerhalb einer Gruppe) ist hinlänglich bekannt, daß führerlose Gruppen verwahrlosen oder ihren (soziometrischen) Führer selbst wählen. Das ist die Person, die von den meisten Gruppenmitgliedern akzeptiert und anerkannt ist, oder die Mehrheit des Vertrauens genießt. Solche soziometrischen Wahlen können durchaus auf mehrere Personen in der Gruppe verteilt sein. Auch passiert dieser Vorgang häufig unbewußt, aber er passiert. Was reizt Mitglieder einer Gruppe, sich für ein bestimmtes Gruppenmitglied mehr als für andere zu entscheiden und ihm die Führungsrolle zu übertragen? Es ist die Ansicht oder die konkrete Erfahrung, daß dieser soziometrische Führer etwas zustande bringt, was im Interesse des Wählers liegt und von ihm selbst nur unzureichend wahrgenommen wird.

Was zur Wahl des soziometrischen Führers impulsgebend ist, ist in ähnlicher Weise das, was dem Förderer unter den institutionalisierten Führern seine soziale Kompetenz verschafft. Bei ihm wird erkennbar, daß es ihm weniger um seinen eigenen Vorteil, als um die Anliegen seiner Mitarbeiter geht. Er versteht es, sich in seinen Mitarbeiter hineinzuversetzen, um ihn entlang seiner Bedürfnisse und Defizite zu schützen und im Sinne der inneren (psychischen und geistigen) und äußeren (Akzeptanz, Fortkommen) Entwicklung zu unterstützen. Er versteht es, ganz bei seinem Mitarbeiter sein zu können, dessen Sorgen und Probleme, aber auch ebenso seine Erfolgsergebnisse wahrnehmen und teilen zu können. Der Mitarbeiter spürt, daß sich das Interesse des Vorgesetzten voll auf ihn konzentriert und weder durch Geltungssucht, Egoismus noch engstirniges Anspruchsdenken des Chefs belastet wird.

Man sollte in Firmenstatuten verankern, daß jeder Vorgesetzte innerhalb von 2 Jahren zwei seiner Mitarbeiter benennen muß, die ihn jederzeit vertreten oder — im Ernstfall — ersetzen können, dann würde die Anzahl der Förderer unter den Vorgesetzten rapide zunehmen. Und das Führungsverhalten würde sich vermutlich nochmals in Richtung Förderer-Sein verändern, wenn

— festgehalten würde, daß die Stellvertreter nicht die direkten Nachfolger werden können, um Rivalitäten von unten nach oben vorzubeugen, und
— verfügt würde, daß der Vorgesetzte, der diesem Auftrag nicht nachkommt, seinen Platz räumen müßte.

Durch solche Bestimmungen würden neue, vorher nicht absehbare Probleme entstehen, aber Förderer würden durch die Vorschrift viele, weil einfach keine Alternative dazu besteht, Mitarbeiter kompetent machen.

Ohne ständige Förderung der Mitarbeiter ist echte Führung kaum vorstellbar. Dennoch definieren sich viele Chefs über alle möglichen Führungseigenschaften — nur nicht die, Mitarbeiter zu qualifizieren. Da will ich vom Gegenteil der Förderung, dem Konkurrenzverhalten nur am Rande sprechen. So mancher Führer glaubt, sich bei seinen Vorgesetzten dadurch profilieren zu können, daß er alles besser kann als seine Mitarbeiter. Hier liegt — auch bei den nächst höheren Chefs — ein Mißverständnis bezogen auf Führung vor, oder es handelt sich bei den Mitarbeitern um Handlungsgehilfen, wie Krankenschwestern, Assistenten, Schreibkräfte. Diese sollen natürlich auch gefördert werden, sie besitzen aber in der Regel ihre Fähigkeiten auf einem anderen Gebiet als der Führer selbst und nehmen somit Ergänzungsdienste wahr. Die weitere Vertiefung dieses Themas führt in organisatorisch-funktionale Fragestellungen, die in diesem Buch bewußt ausgeklammert werden, schon weil sie betriebsspezifisch diskutiert werden müssen. Die Botschaften dieses Buches richten sich an alle Führer, ganz gleich ob Vorstände, Bereichsleiter, Gruppenleiter, Ärzte, Rechtsanwälte, Behördenleiter, Selbständige. Führung ist ein Mensch-zu-Mensch-

Thema, das ich nicht mit Organisation oder Management verwechseln will. Ob jemand führt oder managt, ist ein deutlicher Unterschied. Ich meine Führung! Managen läßt sich jede Situation, Führung dagegen bezieht sich konkret auf Menschen.

Der Förderer weiß, daß er seine Führungsleistungen ausschließlich am Tun seiner Mitarbeiter messen kann. Was in der Mannschaft nicht stimmt, wird verantwortungsgemäß automatisch sein Thema. Wer sonst soll für Klarheit, Zieleinklang und Koordination sorgen?

3.3 Das Vorbild

Wenn ein Führer bei seinen Mitarbeitern akzeptiert ist, so ist er in vielem gleichsam die Meßlatte für Verhalten. Das läßt sich vielerorts beobachten. Unpünktliche Chefs haben unpünktliche Mitarbeiter, zuverlässige Chefs zuverlässige Mitarbeiter. Entweder die Gruppe akzeptiert ihren Führer, dann orientiert sie sich intuitiv an den von ihm vorgelebten Verhaltensmustern, oder sie akzeptiert ihn nicht, dann findet im allgemeinen Führung sowieso nur mit viel Anstrengung (auf der Seite des Führers) statt und bleibt weitestgehend wirkungslos.

Führer — ich meine die erfolgreichen! — können sehr unterschiedliche Persönlichkeiten sein, zum Beispiel argumentativ beweglich und überzeugend, analytisch-gründlich im Denken, präzise im Handeln, freundlich in ihrer Art, Gipfelstürmer, Festtagsredner, locker-burschikos. Es ist für jemanden, der andere Führer als Leitbild für seine eigene Entwicklung sieht, nicht erstrebenswert, sich an dem einen oder anderen Persönlichkeitsmuster zu orientieren. Das würde ihn auf dem Weg zur Originalität wenig helfen. Ich glaube, daß es bei weitem lohnenswerter ist zu erkennen, daß die Größen unter den Führern Originale sind, jeder von einer anderen Ausprägung, quasi als Einzelstück. Und das ist es, was Führungsgröße ausmacht: ein beeindruckendes Original zu sein, einzig in der Art des Tuns, weder kopiert noch glatt und rund geschliffen, mit scharfen Kanten, wie ein Edelstein, Fehlern wie ein wertvolles Kunstwerk, unnachahmbar wie eine Unterschrift.

Und doch kann das nicht heißen, „bleib, wer Du bist, und der Führungserfolg wird Dich überschütten". Bei einem Kunstwerk entscheidet der Markt über den Preis. Die Originalität muß reizen, um gefragt zu sein. Außerdem ist Originalität immer zugleich auch richtungweisend. Ein Wolfgang Amadeus Mozart mag vieles von seinem Vater angenommen haben, vieles aber eben auch nicht. Sonst würde Wolfgang Amadeus nicht um ein Zigfaches berühmter geworden sein als Leopold. Typische Merkmale von Originalen sind, daß sie von vielen gelernt und trotzdem einen eigenen Stil gefunden haben, eine klare (innere) Richtung verfolgen, Mut zum Außergewöhnlichen haben, sich nur begrenzt an Vorhandenem orientieren, um sich frühzeitig auf den Weg nach Neuem zu begeben.

Neben der Originalität darf nicht untergehen, daß Führer in der Regel bei ihren Mitarbeitern nur das verändernd in Bewegung bringen, was sie selbst vorleben. Hunderte von Autoren haben schon über das Thema „Motivation von Mitarbeitern" geschrieben. In fast allen Führungsleitlinien und auf zahlreichen Führungsseminaren wird der Motivationsbegriff kräftig strapaziert. Ich treffe überall Führende an, die immer aufs neue die Frage quält: „Wie schaffe ich es, meine Mitarbeiter zu motivieren?" Bei Wunschthemenabfragen in Führungsseminaren lese ich dies allzu begehrte Wort auf jedem Flip-chart-Blatt, das Gruppen auf die Frage „Was möchte ich hier lernen?" präsentieren.

Führer müssen lernen, die Dinge einfach zu sehen. Die Kunst des logischen Denkens besteht im einfachen Denken. Es motiviert Mitarbeiter nicht, wenn der Chef aus dem Seminar in die Firma zurückkehrt und Motivationstheorien auswendig gelernt hat. Er motiviert durch *Vorleben* und frustriert durch unverständliches Verlangen. Unverständlich ist ein Verlangen immer dann, wenn der

Verlangende selbst den Eindruck erweckt, als würde er Unmögliches verlangen, weil er es nicht lebt. Jeder Betrieb wird zum Phantasialand, wenn die Geschäftsleitung „Delegation von Verantwortung" predigt, aber bei jeder Kleinigkeit von Fehlentwicklung unmittelbar durchregierend eingreift. Nur die Geschäftsleitung kann Identifikation mit Zielen, Aufgaben und Verantwortung erwarten, die Freiräume zur Entfaltung gibt und Unternehmertum auf allen Ebenen und in allen Nischen der Organisation zuläßt. Wie sollen Führungskräfte — sagen wir auf der Abteilungsleiterebene — führen, wenn sie keinen Freiraum dafür zur Verfügung haben, zum Beispiel in Form von Budget-Kompetenz, Entscheidungsmöglichkeiten und Durchführungsverantwortung? Dieselbe Geschäftsleitung wundert sich, daß ihre Führungskräfte führungsmäßig inaktiv sind. Was hat der zurückgepfiffene Abteilungsleiter gelernt? Das nächste Mal seinen Kopf nur so weit aus dem Fenster zu strecken, daß er dabei nicht erwischt wird. Was merkt sich der Hauptabteilungsleiter, dessen Vorgesetzter an ihm vorbei direkt mit dem Abteilungsleiter kommuniziert und dabei seine Anweisungen auf kürzestem Wege unters Volk streut? Es — wenn's drauf ankommt — ebenfalls den Vorgesetzten tun zu lassen. Und dieses Verhalten nimmt seinen kontinuierlichen Verlauf, bis es eines guten Tages immer „drauf ankommt".

In solchen Organisationen besteht die mittlere Ebene aus Führungsstatisten. Das erklärt uns, warum Peter F. Drucker auf die Idee kommt, das Feld des Middle-Managements würde in Zukunft an Bedeutung verlieren. Ich meine, es muß an Bedeutung gewinnen, denn mehr — als gegenwärtig — ist nicht mehr zu verlieren.

Der Gruppenleiter orientiert sich am Hauptgruppenleiter, der Hauptgruppenleiter am Abteilungsleiter, der Abteilungsleiter am Hauptabteilungsleiter, dieser am Bereichsleiter, welcher den Direktor beobachtet, der schließlich so führt, wie es vom Vorstand vorgelebt wird. Natürlich gibt es auf allen Ebenen positive Querdenker, die lieber um Vergebung bitten, als um Erlaubnis zu fragen. Im Regelfall führen aber mittlere und untere Führungskräfte so, wie

Führung von oben in die Organisation gegeben wird. Und das Ergebnis ist dementsprechend positiv oder negativ. Dieser Zustand läßt sich mit einer Mühle vergleichen, die nur das zerkleinert, was in ihren Trichter kommt. Deshalb ist es so wichtig, daß sich jeder Führer darauf besinnt, was er mit seinem Verhalten anrichtet, ähnlich dem Dominosteineeffekt (die Steine kippen nacheinander um, wenn es der erste Stein tut).

4. Folgsamer Mitarbeiter — guter Mitarbeiter?

Produktivität wird von Menschen gemacht, die ein Ziel zu erreichen oder eine Aufgabe zu erledigen haben. Dabei kann es sich um handwerkliche, geistige oder koordinierende Tätigkeiten handeln. In jedem Fall kann der Ausführende zwar kontrolliert werden, aber niemals total und umfassend. Merkwürdigerweise werden diejenigen Mitarbeiter von ihren Chefs als o. k. beschrieben, die es so machen, wie er es gerne hätte. Das bedeutet im konkreten Fall, daß dieser Chef sich für unfehlbar hält oder riskiert, daß seine Mitarbeiter ihm in seinen Fehlern nacheifern, was in der Praxis gar nicht so selten ist.

Ich behaupte, daß jeder Mitarbeiter eigenständige Qualitäten besitzt, und will hier sehr deutlich unterscheiden zwischen „autonomen" und „dienstleistenden" Mitarbeitern, was Führung betrifft. Als „autonom" bezeichne ich diejenigen, denen ein eigener Verantwortungsbereich zugeschrieben ist: zum Beispiel Sachbearbeiter, Verkäufer, Berater, Ingenieur, Forscher, Buchhalter, Psychologe, Pädagoge, Arzt. Als dienstleistend sehe ich diejenigen an, die einem „Autonomen" oder einem Führer zuarbeiten: zum Beispiel Sekretärinnen, Assistenten, Gehilfen.

Die Qualitäten der Dienstleistenden sind anders zu bewerten als die der Autonomen. Von einem Dienstleistenden kann verlangt werden, daß er die übertragene Aufgabe, etwa einen Brief zu tippen, eine chemische Lösung anzurühren, Botengänge zu erledigen, gemäß dem Auftrag erledigt. Hier erfolgt keine Zielvereinbarung, hier wird ein klar umrissener Auftrag erteilt. So können beispielsweise von einer Sekretärin fehlerfreie Briefe, nach einem gewissen Schema sortiert, in der Unterschriftsmappe vorgelegt, erwartet werden. Ob sie mehr oder minder qualifiziert gearbeitet hat, zeigt das Ergebnis, das unterschriftswürdig oder -unwürdig zu lesen daliegt. Fehlerhafte Briefe bedeuten noch nicht, daß sie es nicht kann, wohl aber, daß sie es nicht getan hat. Erst die Summe fehlerhafter Briefe läßt eine Schlußfolgerung auf „gelebte" — keinesfalls auf innerlich vorhandene — Qualität zu.

Dem Chef kann es aber passieren, daß er nicht auf das Ergebnis („gelebte" Qualität), sondern auf die Person („innere" Qualität) reagiert und durch ständige Mängelrügen einen Nebeneffekt erzielt: Einschüchterung. Die verunsicherte Mitarbeiterin wird nicht weniger, sondern mehr Fehler produzieren. Der Chef hat mit seiner Intervention eine Paradoxie geschaffen: anstatt Fehler abzuschaffen, produziert er sie in noch höherem Maße. Allerdings, die Mitarbeiterin ist brav und folgsam. Ich kenne so manchen Chef, der sich mit dem Zustand „brav" zufrieden gibt und seine Mängeltoleranz erhöht. Brave Mitarbeiter, bequeme Mitarbeiter — bequeme Mitarbeiter, gute Mitarbeiter!(?)

Es mag sein, daß die Qualitäten eines Mitarbeiters nicht zur Aufgabe passen oder umgekehrt. Dann wird der Mitarbeiter auch durch devote Unterwürfigkeit nicht qualifizierter. Bei autonomen Mitarbeitern stellt sich dieses Problem noch erheblich kritischer dar. Angenommen, ein Sachbearbeiter hat eine andere Auffassung von einem bestimmten Vorgang als sein Chef. Dann würde ich dem Sachbearbeiter empfehlen, seine abweichende Auffassung kundzutun, und dem Chef, hineinzuhören, was der Sachbearbeiter Abweichendes meint. Denn abweichende Meinungen der Mitarbeiter sind eine Bereicherung für die Chefs, weil dadurch das gesamte System auf sichere Beine gestellt wird. Die größte aller Führungssünden besteht darin, Mitarbeiter klein zu halten, weil sich nun einmal mit kleinen Leuten keine großen Dinge anstellen lassen. Der Sachbearbeiter, der kuschen muß, wird entweder zum Kanalarbeiter — das wäre dann die Befolgung der zweiten Empfehlung, die ich ihm geben würde, wenn sein Chef mit Offenheit nicht umgehen kann — oder zum konditionierten Versager. Leider sind manche Menschen durch ihre falsche Erziehung zu Versagern abgestempelt. Versagertum ist kein Geburtsfehler, wohl aber die Folge pädagogischer Sündenfälle.

Ich kenne Firmen, die an der Spitze ihrer Branche rangieren, und solche, die sich scheinbar den ersten Platz nicht leisten wollen. Zumindest versuchen sie es nicht einmal. Ich bin hier auch nicht „Auf der Suche nach Spitzenleistungen" oder dem Rausch der „Leistung aus Leidenschaft" verfallen. Was in diesen Büchern Wertvolles nachzulesen steht, brauche ich nicht zu wiederholen, denn nach Goethe wird „getretener Quark breit, nicht stark". Statt dessen verschaffe ich mir durch Vergleiche meinen eigenen Eindruck, und danach gilt, daß Firmen dann am wenigsten gefährdet sind, wenn die Mitarbeiter mitmischen können. Unter „mitmischen" verstehe ich „Meinungen haben", „Gedanken äußern", „Kreuz- und Querdenken", die Freiheit zu besitzen, sich „jederzeit kritisch äußern" zu können. In deutschen Firmen scheint auch zu Beginn der neunziger Jahre Feedback von unten nach oben etwas Fremdartiges zu sein. Zwar können sich simple Zauberbegriffe wie „innere Kündigung" derart schnell verbreiten, daß sie zum guten Ton einer modernen Führungskraft einfach dazugehören. Aber sie bekämen andererseits nicht diese Bedeutung in Führungskreisen, wenn tatsächlich so geführt würde, daß die Mitarbeiter mit Herz und Seele bei der Stange blieben. Über Sprache wird häufig genau das strapaziert, was im Grunde genommen nicht gelebt wird. Anderenfalls wird es so zur Selbstverständlichkeit, daß niemand Gefallen an der Wortakrobatik finden würde. Natürlich brauchen wir Begriffe, die Sachverhalte oder Zustände beschreiben, das mache ich in diesem Buch nicht anders. Aber wenn einfachste Formulierungen plötzlich zum Hit werden, dann ist das mehr als einen Gedanken wert.

Ich fordere auf zu Freiheit, Freiheit und nochmals Freiheit für Mitarbeiter, was das laute Denken angeht, und gönne allen Führern zu erfahren, wie sicher sie sich fühlen und wie effektiv sie ihren Bereich führen können, wenn Gerüchteküchen langweilig, Kanalarbeiten überflüssig und statt dessen Vertrauen und Offenheit selbstverständlich werden. Daß ein Mitarbeiter gehen muß, weil seine Qualitäten nicht zur Aufgabe passen, verstehe ich. Daß ein unwilliger Mitarbeiter beiseite geschoben und ein fauler degradiert wird, sehe ich ein. Aber ich will nicht verstehen, warum jemand wegen seiner geäußerten Meinung Nachteile erfahren muß. Hier ist doch nur passiert, daß eine gedachte Meinung in Sprache umgewandelt und somit transparent gemacht wird. Glauben die Chefs etwa, daß die Schweigenden nichts denken oder die ausschließlich positiv Redenden immer ihren Vertrag mit der Wahrheit erfüllen würden? Wenn eine Aktivität — nämlich das laute im Unterschied zum stillen Denken — bestraft wird, ist das immer zugleich auch eine Bestrafung der Aktivität an sich. Und für Aktivitäten zu bestrafen, das können Führer eigentlich nicht wollen.

In der von mir geleiteten Firma fordere ich alle Mitarbeiter dazu auf,

— aus sich herauszugehen, ihrer Seele Luft zum Atmen zu verschaffen,
— kreativ und eigendynamisch zu sein, auch gegen den Willen der Führung,
— sich selbst Ziele zu setzen, die mit meinen nicht immer übereinstimmen müssen,
— ein Drangtäter zu werden in allem, was für die Firma gut ist,
— mich zu nehmen, wie ich bin, mich aber über meine Fehler niemals im unklaren zu lassen,
— Erfolge heimlich zu feiern und Mißerfolge mit mir zu teilen, damit ich Tips geben kann, wie sie künftig zu verhindern sind,
— mich zu fordern, wo es nur geht, damit ich erst gar nicht auf die Idee komme, Führung sei ein Nebengeschäft,
— sich niemals einschüchtern zu lassen, weil der Hund zuerst den Ängstlichen beißt und vor dem Mutigen Respekt hat.

Denn nur wer einen aufrechten Gang hat, ist belastungsfähig.

Unter Mitarbeitern — wie unter Menschen überhaupt — gibt es A- und B-Typen:

4.1 A-Typen

Das sind die Aktivisten, die Mutigen, Durchsetzungsfähigen, die immer wieder von selbst aufstehen, wenn ihnen Steine auf den Kopf fallen. Sie können diese Mitarbeiter als Gipfelstürmer, mit Tatendrang und voller Energie beobachten, wie sie sich in ihrem Tun durch nichts aufhalten lassen. Jedem Vorgesetzten wären solche Mitarbeiter zu wünschen, vorausgesetzt, er kann damit umgehen. Es ist immer leichter, Agile sanft zu bremsen, wenn sie dabei sind, Zäune einzurennen, als Müde in Bewegung zu bringen. Der Jäger, der seinen schlafenden Hund mit auf die Jagd tragen muß, ist immer schlechter dran als der, der die Leine besonders fest in der Hand halten muß, weil sonst der Hund das Tempo der Jagd vorgibt.

Chefs können keine A-Typen machen, wohl aber können sie durch ihr Verhalten dazu beitragen, daß A-Typen aktiv bleiben und sich nicht mühsam durch Maulkörbe hindurchbeißen müssen. Denn ständig zu hören, daß der Sturmdrang nicht gefragt, das Querdenken nicht erwünscht und eigenmächtiges Handeln ein Fehlverhalten ist, ermuntert nicht zum unternehmerischen Denken. Mitarbeiter des A-Typs sind unbequem, aber ideenreich, ungehorsam, aber entscheidungsfreudig. Oftmals wird gute Führungsarbeit alleine dadurch geleistet, daß Menschen in ihrem Naturell bestätigt werden und auf das ihnen typische Verhalten eine positive Rückmeldung bekommen, soweit es sich um Aktivisten handelt. Solche Aktivisten haben eine eigene Meinung, die nicht immer der entspricht, die man haben sollte, und packen Dinge an, ohne vorher um Erlaubnis ersucht zu haben. Damit stellen sie hohe Anforderungen an ihre Chefs, mit denen sie sich zum Teil sogar in der Persönlichkeitsstärke zu messen versuchen. Das Verhaltensrezept für A-Typen heißt: machen lassen, ermutigen, Begründungen für das Handeln hinterfragen, erforderliche Korrekturen vorsichtig und vor allem einsichtig begründet vornehmen, negative Auswirkungen an Hand von Beispielen verdeutlichen, klare Ziele abstimmen und immer aufs neue abstimmen!

4.2 B-Typen

Das sind die Beuge-Typen, die Verhaltenen, Angepaßten, die Ja-Sager. Wie bei den A-Typen sind die Grundveranlagungen weit vor dem Eintreten in das Berufsleben gewachsen. Psychoanalytisch ist die Ursachenerklärung von diagnostischem Wert; der Führer ist nicht der Analytiker des Mitarbeiters und daher gut beraten, mit der vorhandenen Energie zu gehen, das heißt, den B-Typ zu nehmen, wie er ist. Viele Vorgesetzte frustrieren sich selbst, wenn sie glauben, A-Typen in B-Typen, B-Typen in A-Typen umwandeln zu können. Ein Dackel ist zum Hirschereißen nicht geeignet, ein B-Typ wird kein Gipfelstürmer.

Dennoch sind B-Typen wertvolle Mitarbeiter, in Verbindung mit A-Typen sogar unersetzlich. Konzentrieren wir uns auf die Person des Führers: Es obliegt seiner Geschicklichkeit, den Mitarbeiter wahrzunehmen, wie er ist, und ihn dann entsprechend seines Temperaments zu steuern. Führen heißt auch, für Ausgleich zu sorgen, also dem B-Typen die Aufgaben vorzugeben, ihm Mut zu machen, ihn zu betreuen und ihn in seiner Rolle anzunehmen. Er denkt in der Regel nicht mit, weil er nicht will, sondern weil er sich nicht traut. Diese Einschränkungen zu bearbeiten, ist Therapeutensache. In meiner Veröffentlichung über Organisationstherapie (Auf dem Weg zur Organisation von morgen, Stuttgart 1989) bin ich näher auf dieses Problem eingegangen, deshalb will ich Methoden zur Einflußnahme auf die Persönlichkeit eines Menschen mit therapeutischen Wirkungsmitteln hier aussparen, so wichtig ich diese Chancen zur Veränderung und zu persönlichem Wachstum auch finde.

Der Vorgesetzte ist mit seiner Führungskunst zunächst einmal aufgerufen, dem B-Typen den Weg auszuleuchten, ihm für jeden gelungenen Schritt nach vorn eine positive Rückmeldung zu geben und im übrigen froh zu sein, daß es A-Typen und B-Typen gibt. Geführt werden wollen beide, der A-Typ begleitend, fordernd, korrigierend, der B-Typ ermunternd, anweisend, motivierend. Denn

Führen heißt auch vorantreiben, zulassen und koordinieren, vermitteln und (mit)gestalten, vernetzen und schließlich auf den Punkt bringen.

5. Führung auf den Punkt gebracht

Führungsinstrumente sind hier nicht das Thema. Ich erkenne den Wert solcher Instrumente an, bemängele aber gleichzeitig, daß durch Führungsinstrumente das, was Führung wirklich ausmacht, in aller Regel unerreicht bleibt. Am Anfang dieses Buches war von Einfachheit die Rede, von Führungspersönlichkeiten und davon, daß Mitarbeiter auf Führung in ganz unterschiedlicher Weise reagieren. Ich meine außerdem, daß qualifizierte Führung erlernbar ist, wenn die innere Einstellung stimmt. Aus alledem folgt, daß weniger oft mehr sein kann. Und dieses „Weniger" soll nun das Thema sein. Denn ich bin durch Erfahrung und Beobachtung davon überzeugt, daß drei Eigenschaften eines Führers — konsequent gelebt — ausreichen, um Mitarbeiter wachsen zu lassen. Anders gesagt: Wenn diese drei Eigenschaften einem Führer fehlen, helfen ihm weder Führungstechniken noch Managementtheorien und erst recht nicht das Wissen um die vielen Tricks, derer sich ein Führer bedienen kann. Zwar glaube ich nicht, daß allein das Lesen eines — zum Beispiel dieses — Buches ausreicht, gleichwohl weiß ich um die Wirkung solcher Denkanstöße.

Führen bedeutet auch ständig lernen, überprüfen, anpassen und erneut lernen, überprüfen, anpassen.

Die drei Führungsleitsätze heißen:

— sagen, was sein soll,
— beim anderen sein,
— optimieren und immer wieder optimieren.

Vielleicht erscheint Ihnen dieser Anspruch zu gering, um qualifizierte Führungsarbeit zu leisten. Ich halte ihn beinahe für zu hoch, aber unbedingt notwendig. Zusätzlich hat der Führer eine Vollzeitaufgabe als Dirigent, Förderer und Vorbild in dem Rahmen, in dem er sich die Zeit für Führung nimmt. Die Zeit, die er sich nehmen sollte, steht im engen Zusammenhang mit der Hierarchiestufe, auf der er selbst steht.

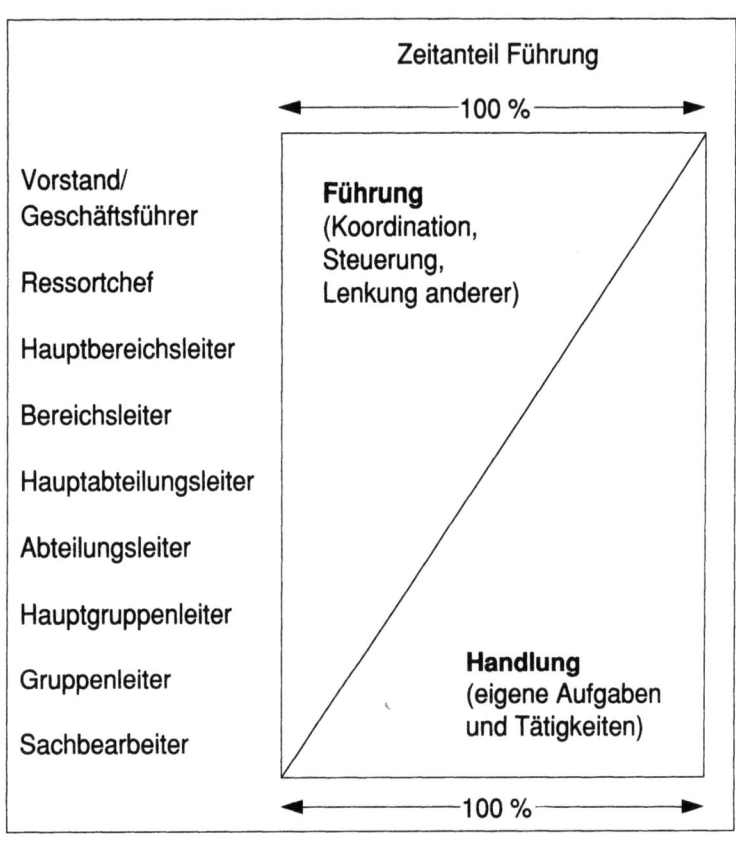

Abbildung 1: Zeitverteilung für Führung und Handlung auf verschiedenen Hierarchiestufen

Abbildung 1 soll ein Beispiel für die Zeitverteilung von Führung und Handlung auf den verschiedensten Hierarchiestufen geben. Der erforderliche Zeitanteil für Führung ist in der Regel abhängig von der Anzahl der direkten und indirekten Mitarbeiter, also des Unterbaues. Ein Hauptabteilungsleiter mit insgesamt drei Mitarbeitern im Unterbau (zum Beispiel weil es sich um eine Spezialabteilung handelt wie Forschung, Recht, Werbung, Marketingservice) muß nicht 50 Prozent seiner verfügbaren Zeit Führungsaufgaben widmen, dagegen sollte ein Hauptgruppenleiter, zum

Beispiel ein Bereichsmeister in einem großen Produktionsbereich, dem im Unterbau 40 Mitarbeiter anvertraut sind, mindestens 60 Prozent seiner Zeit in Führung investieren, weil er dort — und nirgends anders — für die Firma produktiv sein kann. Wenn ein solcher Bereichsmeister zu 90 Prozent mit Aufgaben eingedeckt ist, in denen sein fachliches Können gefragt ist, bleibt für das ihm anvertraute Team ein spärlicher 10-Prozent-Anteil für Führung. Kein Wunder, wenn ein solches Team nicht weiß, wer der Vorgesetzte ist. Hier findet Führung einmal im Jahr in Form von Beurteilungsgesprächen statt.

Wissen Ihre Mitarbeiter exakt, wer ihr direkter Vorgesetzter ist, an wen sie berichten, von wem sie beurteilt werden? Gibt es genügend Zwischenebenen? Oder sind einem Vorgesetzten — vielleicht sogar Ihnen selbst — unmittelbar mehr als 10 Mitarbeiter anvertraut? Wie auch immer die Organisation aufgebaut sein mag, Mitarbeiter brauchen eine eindeutige Orientierung, einen zuständigen unmittelbaren Vorgesetzten, der sie führt. Sonst führen sie sich selbst.

Wie breit ist die Leitungsspanne in Ihrem Unternehmen — wie in Abbildung 2 oder wie in Abbildung 3?

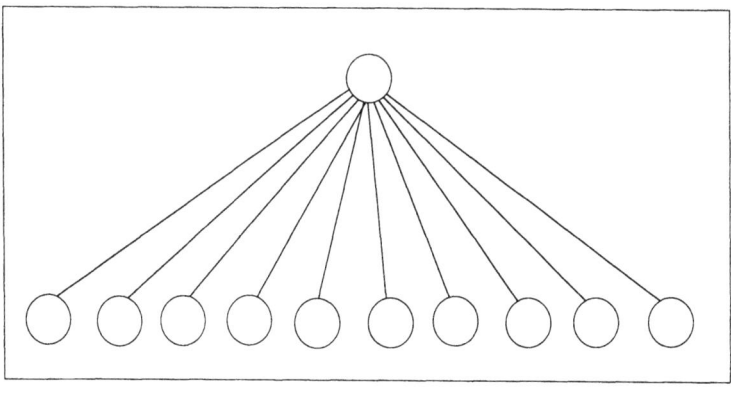

Abbildung 2: Ein Vorgesetzter – viele direkte Mitarbeiter

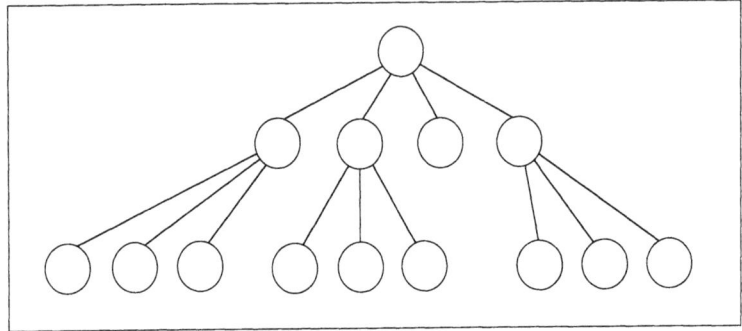

Abbildung 3: Ein Vorgesetzter – wenig direkte Mitarbeiter

Für qualifizierte Führung ist ein gewisses Zeitkontingent notwendig. Und die angemessene Zeit orientiert sich an dem Führungsbedarf der Mitarbeiter.

Wenn uns ein Unternehmen beratend auf dem Gebiet der Qualitätsoptimierung in Anspruch nimmt, weil zum Beispiel die japanische Konkurrenz durch Null-Fehler-Programme zum Nachdenken zwingt, dann richten wir unter anderem einen Blick auf die Leitungsspanne des von Qualitätsmängeln betroffenen Bereichs. Nicht selten treffen wir Zustände von Führungsverwahrlosung an. Alle sind in Hektik, keiner hat Zeit, die Führungskräfte sind selbst stark eingespannt, oftmals in die Abwicklung unwesentlicher Dinge, die Mitarbeiter orientierungslos, und niemand fühlt sich zuständig. Qualitätsverbesserung geht zwar nicht mit Führung allein, aber ohne Führung — intensiv, dicht, kontinuierlich — ist Qualität im allgemeinen nicht erreichbar, wenn Menschen daran beteiligt sind.

Falls Sie keine Zeit zum Führen haben, setzen Sie genau dort an: Nehmen Sie sich die Zeit, denn Führen kostet Zeit und bringt dafür Ergebnisse! Der Führer ist ein Multiplikator für Qualität und alles, was durch die Menschen im Betrieb geleistet werden soll.

5.1 Sagen, was sein soll

Das menschliche Gehirn verarbeitet im Grunde genommen nur Ja-Signale. Jedes Nein-Signal wird entweder nicht verstanden oder zum Ja-Signal umgewandelt. „Denken Sie jetzt nicht an Weihnachten!" Was geschieht in Ihrem Kopf? Anstatt der Aufforderung, „nicht an Weihnachten zu denken" nachzukommen, denken Sie automatisch an Weihnachten, es sei denn, „Weihnachten" ist für Ihr Gehirn eine unbekannte Größe. Es entsteht also eine Paradoxie, indem bei Nein-Signalen („denke nicht an . . .") eine Umwandlung in Ja-Signale erfolgt. Wir müssen uns diese Funktionsweise unseres Gehirns sehr plastisch verdeutlichen, um eine Vorstellung davon zu bekommen, was wir beim anderen auslösen, wenn wir mittels Sprache zu einem Nicht-Tun auffordern.

Wenn wir wollen, daß jemand etwas bleiben läßt, erreichen wir dieses im allgemeinen nur mit Ja-Signalen. Wenn wir sagen: „Tun Sie das *nicht* nochmal!" wird der andere es weiterhin tun, denn unsere Botschaft lautete: „Tun Sie es . . ." Eine Botschaft ist und bleibt eine Botschaft — auch wenn eine Verneinung vorangestellt, eingebaut oder nachgeschoben wird.

Nehmen wir an, Sie sagen jemandem, er solle Sie *nicht* noch einmal unterbrechen. Dann wird er Sie weiter unterbrechen. Die Negation ist das Kommunikationsmuster, das die meisten Störungen verursacht. Das Nein oder Nicht existiert sprachlich. Im Erleben hat dieses Nein oder Nicht keine Bedeutung. Aus der Hypnose ist bekannt, daß verneinende Sätze dieselbe Reaktion auslösen wie positiv formulierte, bejahende. Bei dem Satz „Das können Sie sicher verstehen!" zeigt sich exakt dieselbe Reaktion wie bei dem Satz: „Das können Sie sicher *nicht* verstehen."

Wir können unserem Gehirn durchaus eine allgemeine Tendenz zur guten Gestalt unterstellen. Zum Beispiel nimmt es nur so viel von unserer Umwelt auf, wie für unsere Existenz wichtig ist. Demzufolge handelt auch der Führer in guter Absicht, der seinem Mitarbeiter sagt, was er *nicht* tun soll. Denn er will, daß der Mitarbeiter es nicht tut. Aus dieser Art von Botschaften entsteht aber für den Empfänger ein Problem. Die Verarbeitung solcher Nachrichten wird durch die Paradoxie erschwert.

Ich möchte einige Beispiele geben, die aufzeigen, wie sehr wir uns offenbar daran gewöhnt haben, paradoxe Botschaften zu senden, die der Funktionsweise unseres Gehirns zuwider laufen. Dafür habe ich Führungsliteratur aus dem Jahre 1988 zur Hand genommen, willkürlich von bekannten, weniger bekannten und unbekannten Autoren. Die Quellenangaben lasse ich weg, sonst entsteht vielleicht der Eindruck, ich würde den Schreibstil anderer kritisieren wollen. Meine Absicht ist es vielmehr, vorhandene Beispiele heranzuziehen, anstatt welche zu konstruieren.

Beispiel 1

„... Dies bedeutet, daß soziale Wahrnehmung immer auch ein aktiver Prozeß ist: *es wird nicht* nach der Wirklichkeit gezeichnet, es wird gefiltert, betont, strukturiert und hineininterpretiert ..."

Kommentar:

Abgesehen davon, daß ich den Satz an sich für schwer verständlich halte, wird durch „es wird nicht nach der Wirklichkeit .." „die Wirklichkeit" ins Spiel gebracht. Die Verständigung wird erschwert, weil, wie in diesem Falle, ohnehin viele Menschen davon ausgehen, die Wahrnehmung eines anderen Menschen würde objektiv sein, also der Wirklichkeit entsprechen.

Beispiel 2

„... Für das Gespräch sind diese Überlegungen deshalb wichtig, weil Handeln sich *meist nicht* auf unmittelbare Gegebenheiten gründet, sondern auf Annahmen über Motive, Absichten ..."

Kommentar:

Auch hier wird von unserem Gehirn der Zusammenhang von „Handeln" und „unmittelbare Gegebenheiten" aufgenommen. Erst durch einen zusätzlichen Arbeitsvorgang muß der Gedanke wieder verlassen werden. Je nachdem, womit unser Gehirn im Moment des Lesens sonst noch beschäftigt ist, wird „nicht" überlesen und sogar das Gegenteil der Aussage abgespeichert.

Beispiel 3

„... Die Rollenerwartung richtet sich dabei also zunächst *nicht an die Person*, sondern an die Position...:"

Kommentar:

Damit kommen wir erst drauf, woran sich die Rollenerwartung richtet oder richten könnte, nämlich an die Person. Was spricht gegen die Aussage: „Die Rollenerwartung richtet sich zunächst an die Position?" Sie wäre kürzer und klar verständlich. Soweit handelt es sich aber noch um relativ harmlose, weil wenig folgenschwere Aussagen.

Beispiel 4

„... Bei einer *nicht allzu differenzierten* Unterscheidung werden dabei allgemein drei Kategorien von Ansätzen unterschieden: Eigenschaftsansätze, Verhaltensansätze und Situationsansätze ...:"

Kommentar:

Haben Sie eine Vorstellung davon bekommen, ob die „Unterscheidung" nun „differenziert" ist oder nicht? Offen gestanden, mir ist es schwer gefallen. Mir hätte geholfen, wenn der Verfasser klar gesagt hätte, für wie differenziert er die Unterscheidung hält oder auf den Aspekt mit der Differenzierung verzichtet hätte.

Beispiel 5

„... Eine Führungsphilosophie, die verantwortliches Denken und Handeln aller Mitarbeiter im Interesse des Unternehmens und im Sinne einer wirklichen Übernahme dieser Philosophie fördern soll, *kann nicht vom Inhaber* der höchsten Macht- und Entscheidungsbefugnis oktroyiert werden, sondern muß sich in einem Prozeß kritischer Auseinandersetzung zwischen allen Beteiligten als verbindliches Paradigma herausbilden..."

Kommentar:

Haben Sie verstanden, wie Sie führen sollen? Ich nicht. Ich meine vielmehr, daß solcherart Führungsliteratur gutes Führen verhindern hilft. Noch eine Kostprobe aus der Literatur?

Beispiel 6

„... Handeln oder Nichthandeln, Worte oder Schweigen haben alle Mitteilungscharakter: sie beeinflussen andere, und diese anderen können ihrerseits *nicht auf diese Kommunikation reagieren* und kommunizieren damit auch selbst..."

Kommentar:

Sehr wohl ein weiser Satz, der seine Weisheit behalten würde, hieße er: „... haben alle Mitteilungscharakter: denn die anderen reagieren ihrerseits in jedem Falle, auch wenn sie es vermeiden wollen." Was ist eine „nicht-beurteilende Haltung"? Ich nehme an, daß Sie sich sehr wohl etwas darunter vorstellen können, nämlich eine Haltung, die keine beurteilenden Elemente enthält. Aber dadurch, daß der Verfasser dieser Formulierung den Begriff „beurteilend" verwendet, ist Ihr Gehirn eben mit dem beschäftigt, „was Beurteilung ist", „wie Beurteilung vor sich geht", „wie Beurteilung wirkt". Der Begriff „Beurteilung" ist damit präsent. Das aber wollte der Verfasser verhindern. Wie Führer den Fehler vermeiden wollen, auf den sie ihre Mitarbeiter aufmerksam machen. „Werden Sie *nicht nervös*, wenn Sie Ihren Vortrag halten." Eines ist sicher, wenn der Mitarbeiter bisher *nicht* daran dachte, nervös werden zu können, jetzt hat ihn der Chef darauf gebracht.

Benutzen Sie auch weiterhin das Wörtchen „nicht" in Ihren Botschaften, aber nur dann, wenn Sie den anderen mit dem verneinenden Teil Ihrer Aussage umlenken wollen. Wenn Sie sich vorgenommen haben, das Verneinte als bejahende Botschaft beim anderen wirken zu lassen. Oder Sie wollen etwas ausschließen, auf das Sie durch den Auschluß dennoch aufmerksam machen wollen. Dieses Kommunikationsmuster verwende ich auch in dem vorliegenden Buch. Vergleichen Sie als Beispiel auf Seite 45 den ersten Satz nach der Überschrift: „*Führungsinstrumente* sind hier *nicht* das Thema." Damit erfahren Sie, daß es Führungsinstrumente gibt, die ich allerdings in der Besprechung von Führung ausschließe. Schon aus diesem Grund habe ich auf die Benennung der Quelle bei den Beispielen 1 bis 6 verzichtet. Wir können uns kein genaues Bild davon machen, ob die Verfasser mit der Verneinung auf die verneinte Aussage besonders aufmerksam machen wollten. Die Beispiele habe ich gewählt, weil mir bei den zitierten Formulierungen der Sinn für eine möglicherweise gewollte Wirkung verborgen blieb.

Sie können gezielt mit paradoxen Tu-es-nicht-Botschaften in einigen Fällen mehr auslösen als mit einfachen Tu-es-Botschaften. Das ist immer dann der Fall, wenn Sie einen Umkehrschluß beabsichtigen. Es gibt Menschen, die am liebsten das Gegenteil von dem machen, was verlangt wird. Jeder von uns verfügt über ein gewisses Trotzpotential, was auf unverarbeitete Reste aus der Kindheit zurückzuführen ist. Wir haben Situationen abgespeichert, in denen es uns unmöglich war, uns zur Wehr zu setzen oder unseren Willen zu behaupten. Tritt nun im Erwachsenenalter eine annähernd vergleichbare Szene auf, kann es dazu kommen, daß wir mit alten Gefühlen auf diese neue Situation reagieren. Alte Gefühle werden „übertragen" auf eine Situation, die zwar eine völlig andere, wohl aber vergleichbare ist.

Angenommen, Sie verfehlen bei Ihrem Mitarbeiter mit Tu-es-Botschaften Ihr Ziel. Dann erreichen Sie es eventuell mit paradoxen Tu-es-nicht-Botschaften, weil damit das Trotzpotential des Mitarbeiters zu Ihren Gunsten wirkt.

Ein Chef hat einmal, nachdem er sich lange Zeit über die Trägheit seiner Mitarbeiter geärgert hatte, die Gruppe zusammengerufen und gesagt: „Sie brauchen *nicht* zu lernen, eigenständige Entscheidungen zu treffen, ich habe die Überzeugung gewonnen, daß Sie das *nicht* lernen können." Dieser Satz traf ins Zentrum. Die Mitarbeiter machten dasselbe wie vorher, sie taten das Gegenteil vom Verlangten, weil sie Führung verweigerten. Und diesmal hatte der Chef Erfolg, denn die Mitarbeiter trafen nun eigenständige Entscheidungen, weil sie es ihrem Chef beweisen wollten, daß sie taten, was sie wollten, anstatt was er wollte. Dabei übersahen sie allerdings, daß sie in Wirklichkeit genau das taten, was ihr Chef von ihnen verlangte. So einfach ist das manchmal. Widerstand löst sich dann auf, wenn man aufhört, gegen den Widerstand anzukämpfen.

Ich halte viel von Einfachheit, Klarheit und Unverwechselbarkeit von Botschaften. Wenn ich in Betriebe komme, treffe ich aber vielfach das Gegenteil davon an. Führungskräfte sagen zuviel darüber, was Mitarbeiter alles *nicht* tun sollen, und sie sagen es zudem zu kompliziert. Wenn ein Raucher durch das bloße Schild „Nicht rauchen" zum Unterlassen des Rauchens aufgefordert wird, dann hat er gleich zwei schwere Hürden zu überwinden:

— erstens *nicht* zu rauchen,
— zweitens es trotz der Erinnerung daran zu unterlassen.

In meinen Seminaren habe ich dazu eine interessante und ebenso simple Erfahrung gemacht. Wenn Aschenbecher auf den Tischen stehen und ich bitte, *nicht* zu rauchen, löse ich damit häufig eine Diskussion der Raucher mit den Nichtrauchern aus, ob nun geraucht werden soll oder nicht. Wenn keine Aschenbecher da sind und das Thema vermieden wird, kommt weder eine Diskussion noch ein Verlangen zum Rauchen auf. Es wird dort geraucht, wo

Aschenbecher aufgestellt sind: in den Pausenzonen. Am Ende des Seminars höre ich dann von einigen Rauchern — wenn ich danach frage —, daß sie den Griff zur Zigarette ganz einfach vergessen hätten.

Wenn Sie einmal Ihr eigenes Sprachverhalten daraufhin überprüfen, wie oft Sie paradoxe Botschaften senden, indem sie Verneinungen verwenden, dann werden Sie vermutlich verschiedene Negationsmuster an sich selbst entdecken. Manche Menschen haben allerdings eine bessere Antenne zur Fremdwahrnehmung — also zur Erkennung von Verhaltensmustern bei anderen — als zur Selbstwahrnehmung. Ich empfehle Ihnen, ab sofort Ihr Ohr auf den Gebrauch von Verneinungen — bei anderen und bei sich selbst — zu richten und festzustellen, wie häufig Negationen verwendet werden.

Wenn Sie Selbstwahrnehmung gelernt haben, fangen Sie bei sich an. Ob Sie zu den selbstwahrnehmenden Menschen gehören, können Sie daran überprüfen, ob Sie zum Beispiel in einer anstrengenden Situation — sagen wir während eines Gespräches — genau wissen, wo Sie Ihre Hände haben, wie Ihre Haltung im Moment ist und was Sie im Augenblick mit welcher Betonung und Lautstärke sagen. Selbstwahrnehmung ist die Fähigkeit, sich selbst „von außen" zuzuhören, sich zu beobachten, wie ein anderer einen beobachten würde. Selbstwahrnehmung ist eine Frage von Konzentration und gutem Willen und schließlich der Angewohnheit, sich generell von außen zu hören und zu sehen. Wenn Sie jemand sind, dem der Zugang zu sich selbst ungewohnt erscheint und dadurch schwerfällt, dann fangen Sie bei anderen an, auf Verneinungen zu achten.

Effizienz beim Mitarbeiter erreichen Führer am leichtesten durch effizientes Führen. Ein Element des effizienten Führens besteht darin, dem Mitarbeiter das Verstehen einer Nachricht, einer Anweisung oder eines Auftrages so leicht wie möglich zu machen. Also sagen Sie, was Sie wollen, was er tun soll oder was er aufnehmen soll: knapp, aber freundich, verbindlich, aber direkt, verständlich, weil einfach.

Einfache klare und unverwechselbare Sprache bedeutet für den Vorgesetzten, sich vorher ein Bild davon zu machen, was er erreichen will, und es dann so zu sagen, wie er es gerne hätte. Ganz einfach nur, was er möchte, sonst nichts. Diese klaren Botschaften können auf verschiedenen Kanälen gesendet und empfangen werden. Zum Beispiel als *Lenkender Impuls* („erledigen Sie das bitte!"), als *Persönliche Aussage* („ich möchte verstehen lernen, warum Sie sich so verhalten"), als *Kollektive Mitteilung* („das sollten wir klären", „mir ist daran gelegen, daß wir klären"), als *Unspezifische Nachricht* („man sollte überlegen, ob . . .") und als *Hintergrundfrage* („was ist mit . . .?").

Lenkende Impulse haben Aufforderungscharakter: „Machen Sie", „erledigen Sie", „beachten Sie". Ihnen haftet ein gewisser Forderungs- und Manipulationscharakter an. Beispiele: „Sie sind gut beraten, wenn . . .", „Ihnen kann nur empfohlen werden . . .", „für dich ist es das beste, wenn . . ."

Wir beschneiden vielfach mit *Lenkenden Impulsen* die Autonomie des anderen, indem wir ihn für entscheidungs- und handlungsunfähig erklären. Wir glauben zu wissen, was gut für ihn ist, und machen uns damit für ihn verantwortlich. Diese Fremdverantwortung ist nur dann legitim, wenn der andere seine Selbststeuerung verloren hat. Das ist die eine Seite *Lenkender Impulse*. Auf der anderen Seite braucht der Mitarbeiter *Lenkende Impulse*, wenn ihm Ziele oder Aufgaben gegeben werden oder er aus eigenem Antrieb nicht weiterkommt.

Chef: „Was haben Sie in der Sache XY unternommen?"
Mitarbeiter: „Ich habe angerufen, aber keine zufriedenstellende Antwort erhalten."
Chef: „Was wollen Sie jetzt tun?" *(Hintergrundfrage)*
Mitarbeiter: „Ich werde es noch einmal probieren. Ich denke nächste Woche."
Chef: „Schreiben Sie den Leuten. Es ist wahrscheinlich, daß Sie mit einem Brief eine Reaktion auslösen." *(Lenkender Impuls)*

In diesem Fall gibt der Chef konkrete Handlungshilfen, verbunden mit einem Auftrag, der fordernder wirkt als eine *Persönliche Aussage*, zum Beispiel „Ich würde den Leuten schreiben."

Auf Seite 37 habe ich „autonome" und „dienstleistende" Mitarbeiter unterschieden. „Dienstleistende" Mitarbeiter brauchen häufiger *Lenkende Impulse*, weil sie zuarbeiten. „Autonome" Mitarbeiter können — mit Ausnahmen — vorwiegend über *Persönliche Aussagen* geführt werden, während „dienstleistende" Mitarbeiter auf *Lenkende Impulse* zum Teil sogar angewiesen sind. Mitunter bedürfen auch „autonome" Mitarbeiter intensiver *Lenkender Impulse*, besonders dann, wenn sie zu den B-Typen zählen. Die Unterscheidung zwischen A-Typen und B-Typen habe ich auf Seite 41 ff. beschrieben. Der „dienstleistende" Mitarbeiter ist ein Zuarbeiter, da ist die Ausführung konkreter Aufträge unvermeidbar.

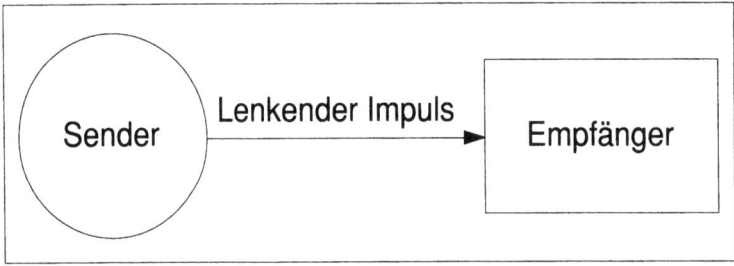

Abbildung 4: Lenkender Impuls

Der Führende weist an, beauftragt oder fordert auf. Problematisch sind *Lenkende Impulse*, wenn sie mit einem „Sollte" oder „Muß" codiert werden, weil damit das Trotzpotential angesteuert wird. Sehr leicht entwickelt sich aus dem gesendeten Thema des Chefs ein Gegenthema beim Mitarbeiter. Solche Transformierung hat der Chef zwar nicht gewollt, aber ausgelöst.

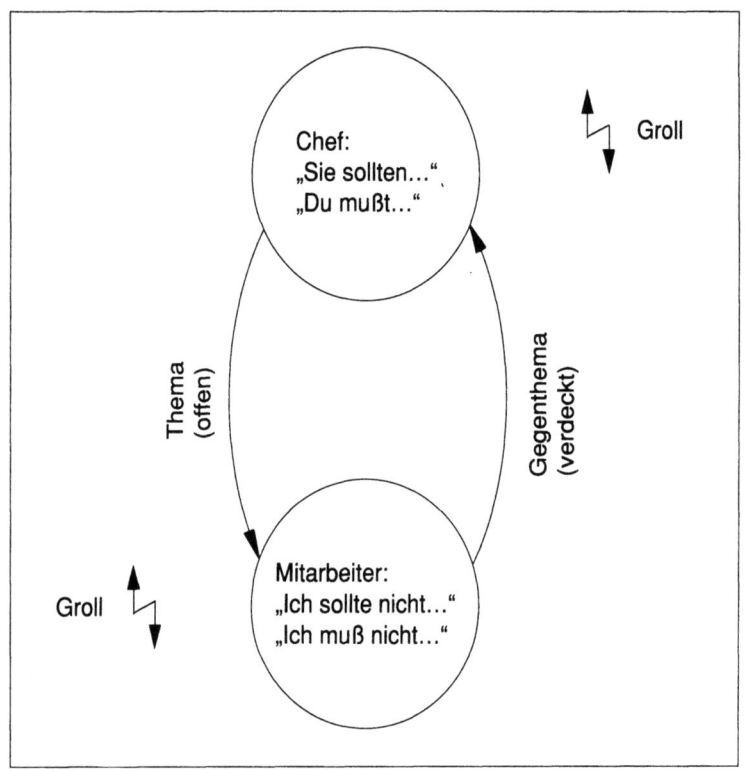

Abbildung 5: Lenkende Impulse

Der Chef hat sein Ziel, den Mitarbeiter in die von ihm gewünschte Richtung zu bewegen, verfehlt. Der Mitarbeiter grollt über das Chefverhalten, der Chef über das Mitarbeiterverhalten. Solche Botschaften werden dann vielleicht noch verschärft, weil die gewünschte Mitarbeiterreaktion ausbleibt oder sogar ins Gegenteil umschlägt. Der verschärfte *Lenkende Impuls* stößt auf noch mehr Gegenwehr beim Mitarbeiter: Als A-Typ macht er was er will, als B-Typ führt er beugsam, aber uneinsichtig den Auftrag aus und gestaltet sich seine Situation entsprechend seiner Möglichkeiten um — ein knirschend-freundliches Gesicht, hinter dem Rücken die Sabotage vorbereitend. Die schwächste, aber dennoch folgenschwerste Sabotage ist das Einstellen des Mitdenkens. Der Mitarbeiter führt bereitwillig Fehlentscheidungen aus, weiß, daß die Sache schiefgeht, und triumphiert über die erhoffte Wirkung. Somit holt sich der Mitarbeiter sein Erfolgserlebnis auf eine für ihn machbare Art und Weise. Von den Chefs hören wir dann in Seminaren, sie hätten schwer zu führende Mitarbeiter. Es soll Führungstrainer geben, die mit ihren Teilnehmern gemeinsam das Lied vom undankbaren, nicht zu führenden Mitarbeiter anstimmen. Ich habe auch von Führungstrainern gehört, die mit Papierbergen kontern, in denen seitenweise von Führungsinstrumenten wie „Mitarbeitergesprächen", „Kritikgesprächen", „Beurteilungsgesprächen", „Umgang mit der inneren Kündigung", „Unternehmenskultur", „Führungsleitlinien" und dergleichen mehr zu lesen steht. Ob das wohl den Führern, die „unführbare" Mitarbeiter haben, hilft? Ich glaube es nicht.

Mein Tip im Seminar und hier in diesem Buch lautet: *„Gib selbst, was Du von anderen erwartest. Denn was Du anderen antust, tust Du Dir im Grunde selbst an!"*

Wenn schon *Lenkende Impulse*, dann sanktions-, wert- und zwangsfrei: „Beachten Sie bitte", „besorgen Sie bitte", „überprüfen Sie bitte . . .!"

Warum spreche ich von *Lenkenden Impulsen* anstatt einfach von „Anweisungen"? Weil Anweisungen eine organisatorische oder systembedingte Angelegenheit sind. Eine Anweisung ist immer ein *Lenkender Impuls*, aber nicht jeder *Lenkende Impuls* ist eine Anweisung. Dieses Buch habe ich für Führende geschrieben, ganz gleich ob sie leitender Arzt, Chef einer Behörde, Vorgesetzter einer Dienststelle, Führungskraft in einem Wirtschaftsunternehmen, Vorstand eines Vereins oder Leiter in einer Institution sind. Ich meine den Menschen, nicht die Organisation.

In einigen Fällen müssen Anweisungen sein, weil zum Beispiel bestimmte Vorschriften zu befolgen sind, in anderen Fällen wird von „Anweisungen" gesprochen, obwohl „Handlungsempfehlungen" gemeint sind. Die Unterscheidung der Begriffe steht in engem Zusammenhang mit meinem Menschenbild. Ich halte Machtausübung generell für fragwürdig und bedenklich. Die Frage nach der Quelle des Rechts, das Menschen sich nehmen oder geben, um über andere Menschen zu herrschen, halte ich bis heute für unbeantwortet. Ich meine die wirkliche Antwort, nicht irgendwelche Argumente der Rechtfertigung. Ungeachtet dessen akzeptiere ich alle diejenigen Anweisungen, die sein müssen, um zum Beispiel Gefahren abzuwenden oder andere Menschen zu schützen. Soweit solche Begründungen nicht vorliegen, halte ich Anweisungen für eine Unfähigkeitserklärung derer, die Anweisungen empfangen. Die Erfahrung der einzelnen, in einer Organisation tätigen Menschen ist individuell und damit von Mensch zu Mensch stark unterschiedlich. Die Aufgabe des Führers besteht darin, die unteschiedlichen Erfahrungspotentiale innerhalb einer Gruppe zu koordinieren.

Dasselbe gilt für Fähigkeiten und Fertigkeiten, die Menschen mitbringen oder sich aneignen. Anweisungen setzen qua Befehl das eigene Denken des Anweisungsempfängers außer Kraft. Mit der Zunahme der Anweisungen nimmt das Mitdenken der Mitarbeiter ab. Die Behauptung läßt sich in Organisationen leicht überprüfen. Wer wie ich einen ständigen Vergleich zwischen verschiedenen Firmen, Behörden und Institutionen hat, kann den Stallgeruch von Gehorsam, Anpassungsverhalten und bravem Ja-Sager-Tum einerseits und Freiheit, Kreativität und unternehmerisches Denken andererseits täglich wahrnehmen. In der einen Organisation, in der Gehorsam den Chorgeist bestimmt, sind die Mitarbeiter vielfach durchaus zufrieden. Allein die Vorgesetzten klagen über ihre Mitarbeiter. In der anderen Organisaton, in der Freiheit Kreativität, Kreativität unternehmerisches Denken auslöst, klagen die Vorgesetzten nicht. Was Menschen anderen Menschen antun, tun sie sich im Grunde genommen selbst an. Das gilt besonders im Reich der Führung! Die meisten Vorgesetzten haben die Mitarbeiter, die sie verdienen. Und da diesen Zustand jeder Chef ändern kann — wenn er will —, weise ich hiermit noch einmal besonders darauf hin.

Lenkende Impulse sind mitarbeiterorientierte Botschaften: Bitten, Anregungen, Tips, verbale Hilfen, Empfehlungen und (wenn es sein muß) Anweisungen. Dementsprechend haben sie da ihren Platz, wo der Mitarbeiter ohne sie das Falsche oder nichts tun würde. Im Unterschied zu *Persönlichen Aussagen* wird nicht „laut gedacht", sondern eine gezielte Nachricht an den Empfänger gesendet, die dieser aufnehmen und beherzigen soll.

Persönliche Aussagen sind ausgesprochene Einladungen, am Denken, Wollen, Mögen des Senders teilzunehmen: „Mich beschäftigt", „ich wünsche mir", „mir würde gefallen". Für „Sie müssen ändern ..." *(Lenkender Impuls)* kann der Vorgesetzte besser sagen: „Ich akzeptiere Ihr Verhalten nicht, weil ..." Führungsarbeit definiert sich immer über eine Mensch-zu-Mensch-Beziehung. Indem der Führer Aussagen über sich selbst macht, erreicht er eine größere Kommunikationseffizienz. *Persönliche Aussagen* bieten kaum Anlaß zu widersprechen, weil sie Äußerungen des subjektiven Erlebens und Empfindens sind. Der innere Dialog wird für den anderen hörbar, er nimmt teil an der Auseinandersetzung mit einem Thema, in das er als Wahrnehmender mit eingebunden ist.

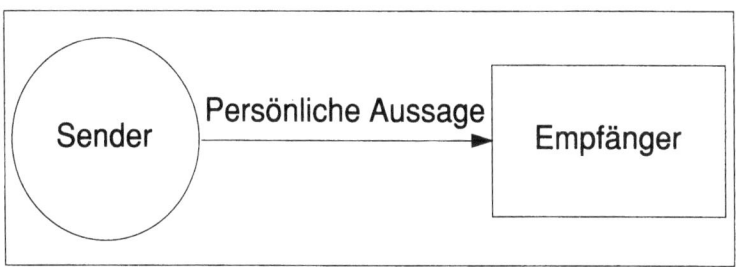

Abbildung 6: Persönliche Aussage

Der Führende öffnet sich für den Mitarbeiter, indem er kundtut, was in ihm vorgeht, was ihn beschäftigt, was er denkt, was er empfindet. Die Vorteile von solchen *Persönlichen Aussagen* erstrecken sich über mehrere Dimensionen:

— Sie lassen den anderen teilhaben, ohne ihn zu maßregeln;
— sie sind wertfrei und damit authentisch;
— ihnen kann nicht widersprochen werden, weil subjektive Wahrnehmungen oder innere Anliegen geäußert werden;
— sie sind eine sanfte, aber wirkungsvolle Form der positiven Konfrontation.

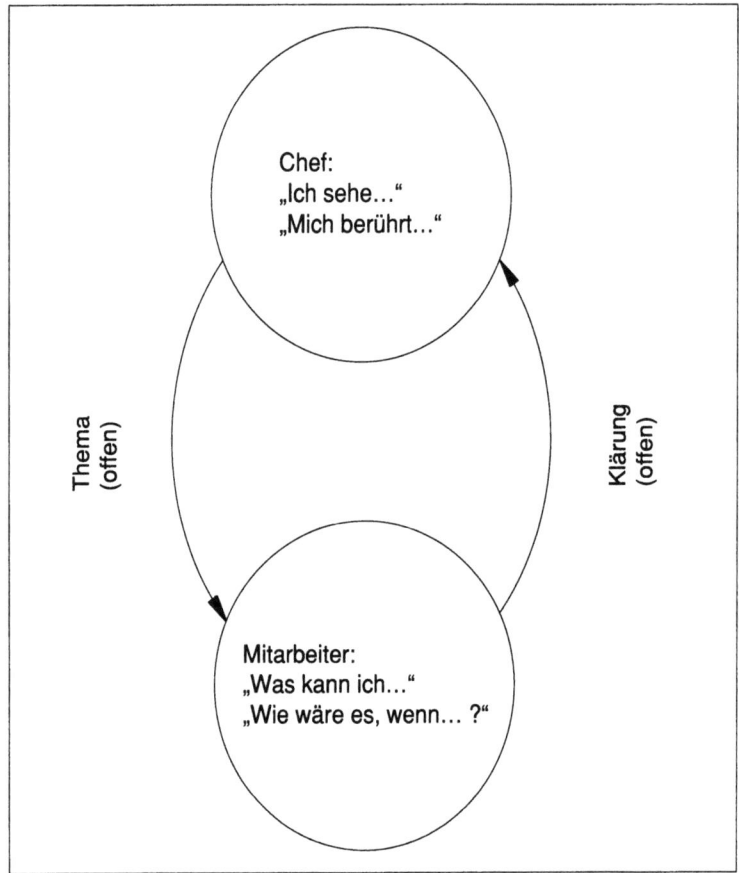

Abbildung 7: Persönliche Aussagen

Der Chef erreicht sein Ziel auf direktem Weg, ohne Widerstand, Einigelung oder Ausweichmanöver des Mitarbeiters, der keinen

Anlaß dazu hat. Interpretationen fallen weg, weil der Chef nur das beschreibt, was er gesehen, gehört, gedacht oder gefühlt hat. Typische Rechtfertigungsaktionen des Mitarbeiters erübrigen sich. Der Chef greift nicht ein, sondern auf. Er sagt dem Mitarbeiter, was es mit ihm selbst macht und welche Wirkung davon ausgeht oder ausgehen könnte (Konsequenzen für den Mitarbeiter), ohne den Mitarbeiter dirigistisch zu maßregeln. Der Mitarbeiter bleibt damit ganz bei sich, denn es obliegt seiner Verantwortung und Gestaltung, den reklamierten Zustand (als Beispiel) entsprechend den Bedürfnissen oder Erwartungen des Vorgesetzten zu ändern. Unterläßt er die Änderung, wird er mit entsprechenden Reaktionen seines Chefs rechnen müssen, vorausgesetzt, der Vorgesetzte ist ein handlungsorientierter Mensch, der angekündigte Maßnahmen auch durchführt. Hier scheitert oftmals wirkungsvolle Führungsarbeit. Anstatt eine *Persönliche Aussage* zu senden („Ich erwarte ..., andernfalls werde ich ..."), die den Mitarbeiter zur Handlung auffordert, neigen Vorgesetzte entweder zu der Verallgemeinerung „manche Mitarbeiter sind nicht zu führen", oder sie verstärken ihre *Lenkenden Impulse* durch die Anreicherung mit handfesten Drohgebärden, deren Umsetzung einer kriminellen Handlung gleichkäme. So wird gedroht, ohne daß was passiert. Die erste Drohung wird von der zweiten, die zweite von der dritten usw. bis hin zur grenzenlosen Maximierung abgelöst. Das Ganze endet schließlich darin, daß der Vorgesetzte die Kommunikation mit einem Mitarbeiter einstellt, der sich seinerseits dann freier bewegen kann als je zuvor: Er macht, was er will, und unterläßt, was er soll.

Persönliche Aussagen haben neben den aufgezählten vier Vorteilen (vgl. Seite 62) einen weiteren, der allerdings konsequentes Umdenken beim Chef voraussetzt. Sie sind zeit- und nervensparend. Der Chef siedelt das Thema dort an, wo es hingehört: beim Mitarbeiter — positiv wie negativ. Der Mitarbeiter ist der Verursacher (das Energiezentrum), der Chef der regulierende Reflektor. Wenn die „Glühbirne" nicht brennt, bleibt ein noch so starker „Reflektor" wirkungslos. Manche Chefs verändern in einem solchen Fall

„ihren Winkel" als „Reflektor", andere werden selbst zur „Glühbirne". Beide Verhaltensweisen sind wenig geeignet, den Mitarbeiter zu fördern. Besser ist es, die „Energieversorgung" zur „Glühbirne" zu überprüfen, „instandzusetzen" oder generell zu analysieren, ob die richtige „Glühbirne" im richtigen „Sockel" sitzt.

Nach diesem vielleicht etwas abstrakten Exkurs will ich das konkrete Chef-Mitarbeiter-Verhältnis in Erinnerung rufen. Der Chef ist führungsverantwortlich, der Mitarbeiter handlungsverantwortlich. Der ungeeignete Mitarbeiter am richtigen Platz oder der geeignete am falschen ist nicht zu führen, weil sich durch Führung das Grundproblem der Fehlbesetzung kaum aufheben läßt. Es sei denn, der Führer habe magische Kräfte. Bisher sind mir aber solche Magier der Führung verborgen geblieben. In anderen Fällen müssen der Chef *und* der Mitarbeiter etwas tun, und zwar jeder gemäß seiner Rolle.

Wie soll sich der Mitarbeiter verändern, wenn er nur eine unzureichende Vorstellung davon hat, wie sein Vorgesetzter über das, was er tut oder unterläßt, denkt? Führung Erwachsener unterscheidet sich an diesem Punkt am deutlichsten von der Kindererziehung: Der Mitarbeiter ist in der Lage, Konsequenzen abzuschätzen und für sich selbst verantwortlich zu sein. Also muß der Vorgesetzte diesbezüglich für den Mitarbeiter nichts tun. Aber was der Vorgesetzte gut oder schlecht findet, wie er denkt, welche Ziele er im Auge hat, was ihm wichtig ist, das alles will und muß der Mitarbeiter wissen, um eigenverantwortlich im Sinne seines Chefs tätig zu werden. Also ist es nur logisch und effektiv, wenn der Vorgesetzte *Persönliche Aussagen* sendet und damit dem Mitarbeiter einen Teil seiner inneren Welt öffnet.

Der Grundsatz lautet: „Das Thema dort ansiedeln, wo es hingehört." Wenn der Vorgesetzte Zufriedenheit empfindet, kann er eben diese Zufriedenheit äußern — als *Persönliche Aussage*. Wenn der Vorgesetzte verärgert ist, sollte er von seinem Ärger reden und den Mitarbeiter zuhören lassen. Die Auslöser, die auf der Seite des Mitarbeiters zu diesem oder jenem Gefühlszustand beim Vorgesetzten geführt haben, sind ein anderes Thema. Was ein bestimmtes Verhalten eines anderen in uns auslöst, ist für den anderen interessant zu hören. Dagegen wird er versucht sein, sich gegen Bewertungen seines Verhaltens rechtfertigend zu wehren. Deshalb sind *Lenkende Impulse* („Sie sollten Ihr Verhalten so und so ändern") oft weniger wirksam als *Persönliche Aussagen* („Ich beobachte... und das löst in mir... aus").

Nun wird eine Aussage nicht alleine durch die Verwendung des Wörtchens „ich" eine *Persönliche Aussage*. Was wirklich eine *Persönliche Aussage* ist, hängt weniger von der Verwendung bestimmter Formulierungen ab als vielmehr vom Inhalt der Aussage, die von inneren Einstellungen getragen ist. Ein Führer, der auf die Mühe der eigenen Auseinandersetzung mit sich selbst, seinen Gefühlen, seiner Innenwelt verzichtet und statt dessen meint, er könne Mitarbeiter objektiv beurteilen, wird auch dann mit *Persönlichen Aussagen* seine Mühe haben, wenn er Sätze mit Ich-Formulierungen verwendet. Solche Brüche zwischen innerer Einstellung und äußerem Tun kenne ich auch von sogenannten „Verhaltenstrainern", die in Wirklichkeit Dinge vermitteln, die bei ihnen innerlich nicht gereift sind und dadurch aufgesetzt wirken. Bis zur Peinlichkeit können solche Disharmonien führen, wenn zum Beispiel ein Trainer „zuhören" lehrt, ohne es selbst richtig zu können, oder „Fragetechnik" paukt, ohne dabei selbst passende und sinnvolle Fragen stellen zu können. Anderseits weiß ich aus Erfahrung, daß *Persönliche Aussagen* erlernbar sind. Bevor Sie eine *Persönliche Aussage* aussprechen, stellen Sie sich als Ungeübter drei Fragen:

— Was nehme ich konkret wahr? (Hören, Sehen)
— Was empfinde, fühle oder denke ich?
— Was löst das in mir aus?

Sie brauchen jetzt nur noch auf die Frage(n) zu antworten, um eine wirkliche *Persönliche Aussage* zu senden. Das Wörtchen „ich" läßt sich dann im Satzbau kaum vermeiden.

Ruth Cohn, die Begründerin der Themenzentrierten Interaktion (TZI), hat einmal sehr treffend formuliert: „Sag einfach, was mit

Dir ist, das ist ein ungeheurer Trick." Gemeint war ein Teilnehmer in der Gruppe, der ständig um den heißen Brei herumredete, gewichtete, interpretierte, rechtfertigte, vermutete und dergleichen mehr.

Und Friedemann Schulz v. Thun, der Begründer der vier Kanäle der Kommunikation (Sache, Beziehung, Appell, Selbstoffenbarung) und der vier Verständlichmacher (Anschaulichkeit, Einfachheit, Kürze und Übersichtlichkeit), sagte anläßlich einer Trainerausbildung seinen Teilnehmern: „Willst Du ein guter Trainer sein, schau erst mal in Dich selbst hinein."

Ich möchte es so nennen: *Spürt der Führer sich von innen, kann der Mitarbeiter nicht entrinnen.* Da Führung gewollt oder ungewollt eine Beziehungsangelegenheit ist, erscheint es nur natürlich, daß diejenigen, die diese Beziehung miteinander haben (Chef und Mitarbeiter), für Klärung in der Beziehung sorgen und die Klarheit aufrechterhalten. Klar ist, daß Sie sich ärgern, wenn Ihr Mitarbeiter anders als gewollt marschiert, und sich freuen, wenn er Ihren Vorstellungen entspricht. Wenn das so ist, dann ist das ganze Formalgerede nur ein Beitrag zur Vernebelung der Situation. Wenn Sie ihm dagegen einfach und anschaulich sagen, was sein Verhalten mit Ihnen macht, ersparen Sie sich die mühevollen verbalakrobatischen Kunststücke und ihm die Ausreden, Begradigungen, Erklärungen und Deutungen. Sie sparen Zeit, der Mitarbeiter spart Zeit. Sie wissen, was mit Ihnen ist, der Mitarbeiter weiß es. Was wollen Sie mehr? Damit leisten Sie einen wichtigen Beitrag zum rationellen, streßfreien Arbeiten. Denn der Mitarbeiter wird sich, wenn nicht sofort, so doch mit der Zeit, an Ihren Stil gewöhnt haben und in ähnlicher Weise mit Ihnen sprechen. Damit haben Sie dann (als Vorbild) einen doppelten Nutzen erreicht. Der Weg zu klaren, interpretationsfreien und offenen Gesprächen ist frei. Offenheit erreicht ein Unternehmen am besten dadurch, daß Führungskräfte Offenheit praktizieren. *Sag mir, wie Du mit Deinen Mitarbeitern sprichst, und ich sage Dir, was Du von Deinen Mitarbeitern zu erwarten hast!*

Chef: „Herr Müller, mir ist in der letzten Zeit aufgefallen, daß Sie in den Abteilungsbesprechungen sehr ruhig sind, ganz im Gegenteil zu Ihrer ansonsten spontanen Art. Ich vermisse Ihre spontanen Einwürfe. Irgendwie beunruhigt mich, ob ich etwas falsch gemacht oder Sie an irgendeiner Stelle verletzt habe."

Hierbei handelt es sich um typische *Persönliche Aussagen*. Der Vorgesetzte sagt, was er erlebt und was das Erlebte in ihm auslöst. Erwartungsgemäß fällt die Reaktion des Mitarbeiters aus, der durch die *Persönlichen Aussagen* geradezu angeregt wird, in *Persönlichen Aussagen* zu antworten.

Mitarbeiter: „Ja, da kann ich Ihnen schon etwas sagen, Herr Bayer. Da ist sehr wohl etwas im argen. Seit zwei Monaten höre ich eigentlich in keiner Weise mehr von Ihnen Interesse. Das neue Projekt, das wir gerade einführen, ist nun mal von hoher Wichtigkeit, aber ich vermisse, daß Sie sich als Abteilungsleiter um mich kümmern. Laufend sind Sie mit der Gruppe B beschäftigt und haben keine Zeit mehr für mich. Für mich ist es so, als würden Sie unsere Gruppe mehr oder weniger abschieben. Ich bin nun einmal der Leiter dieser Gruppe und habe das Gefühl, daß Sie mich im Grunde abschieben."

Bis hierher hören sich beide Gesprächspartner aufmerksam zu. Hier tritt zutage, was oftmals zwischen Chefs und Mitarbeitern unausgesprochen bleibt. Durch diese Art der Mitteilung wird dem anderen Einlaß in die Welt der eigenen Empfindungen, Gedanken und inneren Aktionen und Reaktionen gewährt. Das steht im Gegensatz zu Bewertungen, Belehrungen, Unterstellungen und Anschuldigungen. Das setzt natürlich ein Vertrauensklima zwischen beiden voraus. Aber geht Führung wirklich ohne Vertrauen zwischen Führer und Geführten? Ich halte Vertrauen für etwas

Selbstverständliches, das Bestandteil des Führens ist, wie das Wasser zur Suppe gehört. Wie die Suppe durch das Wasser, so wird Führungsarbeit durch Vertrauen erst flüssig. Wenn das Vertrauen schwindet, geschieht zwischen dem Chef und seinen Mitarbeitern dasselbe, was mit der Suppe passiert, der das Wasser entzogen wird: die Sache wird zuerst dickflüssig, dann breiig und schließlich eine unbewegliche, feste Masse, die anbrennt.

Persönliche Aussagen müssen im Führungsalltag nicht erst entdeckt, sondern nur zugelassen und gepflegt werden. Das zu tun ist eine Führungsaufgabe. Zumal der Vorgesetzte als Vorbild Anstöße gibt durch das, was er selbst tut. Der Umgang miteinander ändert sich, wenn Sie als Chef konsequent *Persönliche Aussagen* einsetzen und damit darlegen, was bei Ihnen angekommen ist, was Sie beschäftigt und was mit Ihnen los ist. Ich kenne nichts, was effektivere Wirkung zeigt bei Mitarbeitern als das Sprachmittel der *Persönlichen Aussage*. Anfangs werden die Mitarbeiter nach altgewohntem Muster reagieren. Es ist aber nur eine Frage Ihres Durchhaltevermögens, bis sich die Mitarbeiter quasi von selbst umstellen.

Sie können es auch so handhaben wie einer unserer Kunden, der einige Wochen zunächst selbst konsequent *Persönliche Aussagen* eingesetzt hat und dann sanft damit begann, seine Mitarbeiter immer dann unbequem zu konfrontieren, wenn sie in der ihnen gewohnten Art und Weise sprachen.

Mitarbeiter I: „In dieser Firma kann man tun und sagen was man will, es versteht einen ja doch kein Mensch."
(Unspezifische Nachrichten)
Chef: „Ich weiß nicht, wie viele außer mir Sie nicht verstehen. Ich möchte es gerne, wenn Sie mir eine Chance dazu geben."
Mitarbeiter I: „Wie meinen Sie das?"
Chef: „Wie ich es sage. Ich möchte Sie verstehen. Es ist schwer."

Mitarbeiter I:	„Jetzt verstehe ich Sie nicht."
Chef:	„Ich möchte ganz einfach wissen, was ich anders machen soll als bisher, damit Ihnen geholfen ist."
Mitarbeiter I:	„Das Problem habe ich nicht mit Ihnen."
Chef:	„Welches Problem? Das, nicht verstanden zu werden?" *(Hintergrundfrage)*
Mitarbeiter I:	„Ja, niemand versteht mich."
Chef:	„Was soll ich verstehen?" *(Hintergrundfrage)*
Mitarbeiter I:	„Daß ich mich von vielen im Stich gelassen fühle."
Chef:	„Jetzt fange ich an, Sie zu verstehen. Sie möchten mehr unterstützt werden?"
Mitarbeiter I:	„Ja, das würde mir helfen."
Chef:	„Wissen die, die Sie unterstützen sollen, von Ihrem Problem?" *(Hintergrundfrage)*
Mitarbeiter I:	„Ich weiß nicht."
Chef:	„Haben Sie es Ihnen gesagt?"
Mitarbeiter I:	„Eigentlich schon."
Chef:	„Wie, mit welchen Worten?" *(Hintergrundfrage)*
Mitarbeiter I:	„Wie eingangs gesagt: Man kann tun, was man will, es versteht einen niemand."
Chef:	„Wen meinen Sie mit ‚man', und wer ist ‚niemand'?" *(Hintergrundfrage)*
Mitarbeiter I:	„Sie meinen, die anderen wissen nicht, worum es geht?"
Chef:	„Ich wußte es zu Beginn unseres Gespräches nicht. Für die sogenannten anderen kann ich nicht sprechen."
Mitarbeiter I:	„Was soll ich tun?"
Chef:	„Zu den anderen gehen und Ihnen klar sagen, was Sie denken und empfinden. Sagen Sie es so, daß die anderen eindeutig wissen, daß Sie sich meinen, wenn Sie von ‚allein gelassen' reden, und nicht irgendwen. *(Lenkende Impulse)* Ich verstehe Sie nicht, wenn Sie so allgemein daherreden. Ich fürchte, die anderen auch nicht."

Hätte unser Kunde gegenüber seinem Mitarbeiter von der Verwendung von *„Persönlichen Aussagen"* gesprochen, hätte es vermutlich einer längeren Unterrichtung bedurft. So ließ er den Mitarbeiter durch sein Hinterfragen und seine beispielgebenden *Persönlichen Aussagen* selbst darauf kommen, daß er etwas anders machen muß.

Mitarbeiter II: „Sie wollen mich nicht verstehen."
Chef: „Mich interessiert, woher Sie das so genau wissen."
Mitarbeiter II: „Weil Sie meinen Vorschlag abgelehnt haben."
Chef: „Ich glaube, daß wir nur gut zusammenarbeiten können, wenn ich interessiert bin, Sie zu verstehen. Und interessiert bin ich. Meine Ablehnung hat andere Gründe. Im Moment sehe ich noch nicht ausreichend geklärt, was ... wird, wenn Ihr Vorschlag umgesetzt würde. Dazu sind mir die Berechnungen zu allgemein gehalten. Mir fehlen Details. Da wir gerade zusammensitzen, was hat denn meine Ablehnung in Ihnen ausgelöst?" *(Hintergrundfrage)*
Mitarbeiter II: „Wie meinen Sie das?"
Chef: „Wie Sie sich gefühlt haben, als mein negativer Bescheid kam."
Mitarbeiter II: „Enttäuschung."
Chef: „Nur Enttäuschung?" *(Hintergrundfrage)*
Mitarbeiter II: „Ein bißchen Wut."
Chef: „In ähnlichen Fällen kommt es bei mir vor, daß die Wut mehr als nur ein bißchen ausmacht."
Mitarbeiter II: „Wenn ich ehrlich bin, war ich total sauer."
Chef: „Mir hilft Ihre Offenheit. Dadurch kann ich sehen, was ich — unbeabsichtigt — mit meiner kommentarlosen Ablehnung angerichtet habe."
Mitarbeiter II: „Nun, das ist zu kraß ausgedrückt. Außerdem geht es mir jetzt sehr gut damit, Ihnen gesagt zu haben, ..., Sie wissen schon."

Wenn Mitarbeiter die Verwendung von *Persönlichen Aussagen* nicht übernehmen, dann deshalb, weil ihre Chefs unter Streß oder schon bei geringer Anspannung zu sprachlichen Mitteln greifen, die diese Mitarbeiter aus ihrer Kindheit kennen: Vorwürfe, Anklagen, Maßregelungen, Gebote, Verbote, Interpretationen und dergleichen mehr.

Ich bin davon überzeugt, daß mit dem Kommunikationsmittel der *Persönlichen Aussage* so manches Führungsproblem auf einfachste Art und Weise zu lösen ist. Angenommen, Ihr Mitarbeiter entspricht in seinem Verhalten nicht Ihren Vorstellungen. Wie gehen Sie mit dem Problem um? Ich habe beobachtet, daß sich die meisten Führer in einem solchen Fall von ihrem Mitarbeiter abwenden oder massiv versuchen, ihn durch gutes Zureden umzugestalten. „Sie müssen verstehen, daß es so nicht geht", „wie kann man nur so unzuverlässig sein" und dergleichen mehr bekommen Mitarbeiter zu hören. Wirksamer sind *Persönliche Aussagen*, die dem Mitarbeiter deutlich machen, was sein Verhalten bei seinem Vorgesetzten auslöst. Wenn Sie auf das Verhalten Ihres Mitarbeiters Einfluß nehmen wollen, erreichen Sie diese Einflußnahme am ehesten dadurch, daß Sie sagen, was das Verhalten Ihres Mitarbeiters mit Ihnen macht, wie es bei Ihnen ankommt oder wie Sie damit umgehen.

Kollektive Mitteilungen sind ein notwendiges Übel unserer Sprache. Die Steigerung dazu sind nur noch *Unspezifische Nachrichten*. Sie sind ein Übel, ohne notwendig zu sein. Notwendig sind *Kollektive Mitteilungen* immer dann, wenn der Sender andere in seine Äußerungen mit einbezieht.

Ungeeignet sind *Kollektive Mitteilungen*, die andere nur zum Schein mit einbeziehen. Sie leisten allenfalls einen Beitrag zur babylonischen Sprachverwirrung. Manche Ärzte sind herausragende Meister auf diesem Gebiet mit der ebenso unsinnigen wie substanzlosen Frage: „Wie geht es uns heute?" Welche Motive auf der Seite des Arztes auch immer hinter der Frage stehen mögen, eines ganz sicher nicht, mit dem Botschaftsempfänger zu klären, wie es jedem von beiden geht.

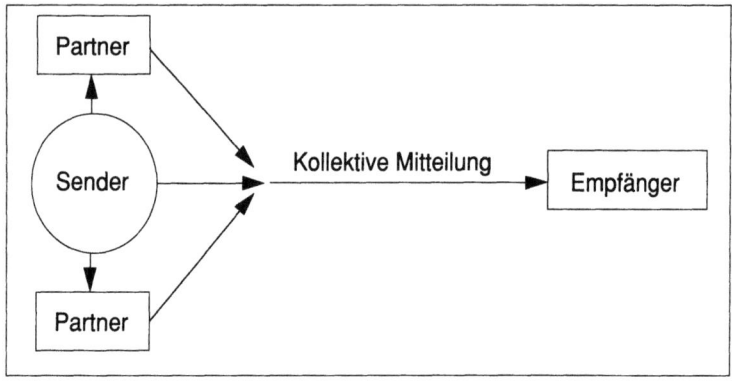

Abbildung 8: Kollektive Mitteilung

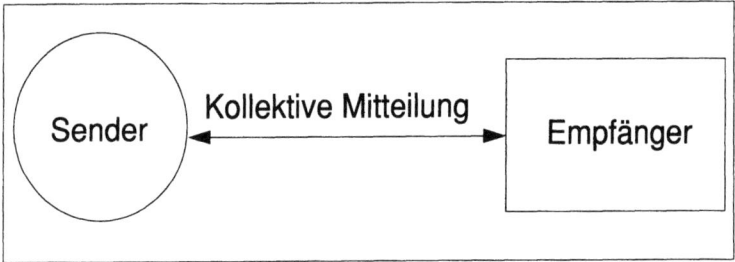

Abbildung 9: Kollektive Mitteilung

Kollektive Mitteilungen können die/den Empfänger mit einbeziehen (Abbildung 9) oder mehrere Sender meinen (Abbildung 8). Angenommen, ich würde das Buch mit einem Co-Autor schreiben und Sie würden ständig das Wort „wir" im Text finden. Sie als Empfänger müßten häufig raten, ob *wir* (die Autoren) Sie (den Leser) mit einbeziehen. Wenn die Autorenaussage zum Beispiel lautet: „Wir können unseren Führungsstil verbessern", dann könnte es

— sich um einen verdeckten *Lenkenden Impuls* handeln, wenn im Grunde genommen Sie gemeint sind, *wir* uns aber nicht völlig ausschließen,

— eine *Kollektive Mitteilung* sein, die zwei *Persönliche Aussagen* zusammenfaßt, wenn *wir*, die Autoren, uns meinen,
— eine klassische *Kollektive Mitteilung* sein, wenn die Autoren ihre Leser und sich selbst meinen.

Im Führungsalltag haben solche Unklarheiten ungewünschte Auswirkungen, die oftmals kaum in den Zusammenhang mit der problemauslösenden Ursache gebracht werden.

Chef sagt: „Wir müssen so schnell wie möglich zu einer brauchbaren Lösung kommen!"
Chef meint: („Machen Sie sich daran, so schnell wie möglich eine brauchbare Lösung zu finden.")
Mitarbeiter sagt: „Das sehe ich auch so!"
Mitarbeiter versteht: („Der Chef wird sich darum bemühen, daß wir — der Chef und ich — eine Lösung finden.")

Der Chef glaubt, sich klar ausgedrückt zu haben, und wartet auf die Aktivität des Mitarbeiters, der schließlich zuständig ist. Der Mitarbeiter glaubt, klar verstanden zu haben und wartet auf die Aktivität des Chefs, der schließlich der „Kompetentere" oder „Erfahrenere" ist. Frustration ist das, was beide zu einem späteren Zeitpunkt untereinander teilen können. Der Chef ist frustriert über seinen inaktiven Mitarbeiter, der Mitarbeiter über seinen empörten, ungerechten Chef, der „nicht weiß, was er will".

Klären Sie im Zusammenhang mit *Kollektiven Mitteilungen* immer, ob Sie tatsächlich sich und andere meinen. Verdeutlichen Sie dem Botschaftsempfänger, wer mit „wir" gemeint ist, damit das ausgetauschte Kommuniqué unmißverständlich ist. Die menschliche Lautsprache (im Unterschied zur Körpersprache) ist deswegen so kompliziert, weil jeweils der Sender und der Empfänger davon ausgehen, dem anderen gegenüber klar zu sein. Allerdings versteht jeder Aussagen so, wie er eine — oft bildhafte — Vorstellung von dem hat, was da gesagt wird. Wenn Rückkoppe-

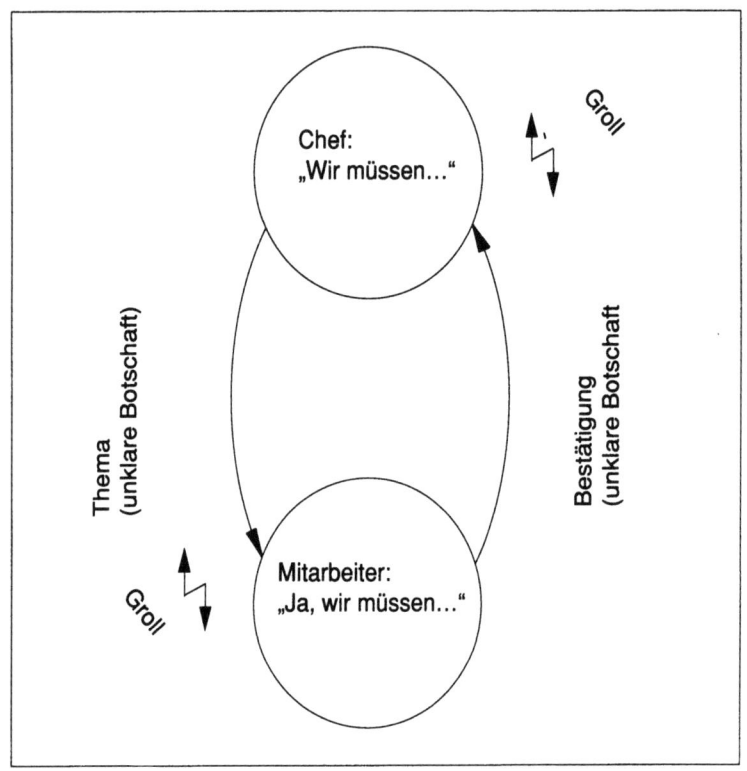

Abbildung 10: Kollektive Mitteilungen

lungen zwischen beiden ausbleiben, kommt es unter Umständen zu erheblichen Auffassungsunterschieden. Das gilt generell, nicht nur bei der Verwendung von *Kollektiven Mitteilungen*. Umso wichtiger ist es für Führungskräfte, sprachlich auf die Vermeidung von Mißverständnissen hinzuwirken. Der Mitarbeiter reagiert auf das, was er verstanden hat. Das Verstandene unterscheidet sich manchmal erheblich vom Gesagten. Die Verantwortung für das Mißverständnis ist ein Teil der Führungsverantwortung, weil Führen auch „Lenken" bedeutet.

Kollektive Mitteilungen sind im Vergleich zu *Persönlichen Aussagen* und *Lenkenden Impulsen* ungenauigkeitsverdächtig, deshalb ist hierbei die Stimmigkeit mit Aufmerksamkeit zu prüfen. Wenn Sie der Sender *Kollektiver Mitteilungen* sind, überlegen Sie, ob eventuell *Persönliche Aussagen* verdeckt vermittelt werden: Zum Beispiel anstatt zu sagen „ich habe ein Problem" wird „wir haben ein Problem" formuliert, obwohl ungeklärt ist, ob andere tatsächlich dieses genannte Problem teilen. Als Empfänger solcher ungenauigkeitsverdächtiger *Kollektiver Mitteilungen* können Sie den tatsächlich gemeinten Zustand durch *Hintergrundfragen* aufdecken: „Was meinen Sie?", „Wie meinen Sie das konkret?"

Das Übel der *Unspezifischen Nachrichten* können Sie getrost aus Ihrem Vokabular streichen. Wenn das nur so einfach wäre! *Unspezifische Nachrichten* sind anonyme Botschaften und wirken besonders da unpassend, wo jemand durch die Schleuse der Man-Formulierung sich zwar meint, den Gebrauch des Ich aber geschickt zu vermeiden sucht. In der Regel sind solche sprachlichen Vernebelungen anerzogen. Wenn Eltern davon sprechen, daß „man das nicht tut" oder „man nicht darüber spricht", so zeigt eine solche Spracherziehung bei vielen Menschen zeitlebens ihre Wirkung. Ebenso wird die Verwendung von „Ich" mit Egoismus verwechselt. Und Egoismus ist etwas Unanständiges, den „hat man nicht" oder „man zeigt ihn nicht". Dabei lassen *Unspezifische Nachrichten* offen, wer und ob überhaupt jemand gemeint ist. Manche *Unspezifische Nachrichten* wirken denn auch so, als hätte der Sender bewußt etwas zu verbergen.

So wurde der damalige Gewerkschaftsführer Oskar Vetter kurz vor seinem Rücktritt in einem Rundfunkinterview gefragt, wie denn seine persönlichen finanziellen Verhältnisse vor dem Hintergrund des Neue-Heimat-Skandals zu bewerten seien, weil zigtausende kleiner Sparer offensichtlich als Betrogene des gewerkschaftseigenen Konzerns dastünden. Der Bezieher eines Jahreseinkommens von mehreren hunderttausend DM antwortete: „Man gönnt sich nicht viel. Man hat — wie viele andere — ein Haus. Größere Sprünge kann man sich nicht leisten." Mit der archäologischen Brille der Kommunikationsklarheit betrachtet, wurde eine Antwort gegeben, ohne sich auf eine Aussage festzulegen. Deshalb konnte niemand Vetter vorwerfen, er habe falsche Angaben gemacht.

In diesem Buch geht es um die Eindeutigkeit der Kommunikation, so gut das möglich ist, nicht um Dialektik. Mit Dialektik lassen sich Mitarbeiter zwar manipulieren, mit dem Führen durch Dialektik ist es aber so eine Sache. Es ist so, als wenn Sie jemandem die Schale einer Apfelsine geben, das Fleisch selbst verzehren und Dritten gegenüber erzählen, Sie hätten die Apfelsine redlich geteilt.

Führer wirken dann besonders überzeugend, wenn sie eindeutig Stellung beziehen. Sie werden dann als Persönlichkeit wahrgenommen, wenn sie sich öffnen und erkennen lassen, daß sie kalkulierbar sind. Unklare Chefs haben unklare Mitarbeiter. Da Menschen sich innerhalb einer Hierarchie nach oben orientieren, sehen sie ihren Chefs auf den Mund, und zwar genauer, als dies so manchem Chef lieb ist. Ich will einschränken, daß *Unspezifische Nachrichten* vielfach aus Gewohnheit verwendet werden und sich die Sender über die Verzerrung ihrer Aussagen oftmals kein ausreichendes Bild machen. Wenn Sie effizient führen wollen, helfen Sie sich selbst am besten durch den effizienten Gebrauch von Sprache. Der Begründer der Kybernetik, Norbert Wiener, hat einmal geäußert: „Ich weiß nie genau, was ich gesagt habe, bevor ich nicht eine Antwort höre auf das, was ich gesagt habe." Damit stellt Wiener die Bedeutung der Rückkoppelung (Feedback) zwischen dem Sender und dem Empfänger in den Vordergrund. Auf der einen Seite kommt es darauf an, dem Mitarbeiter unmißverständlich zu sagen, was sein soll, das heißt, was er aufnehmen oder ausführen soll, auf der anderen Seite kann nur durch die wechselseitige Rückkoppelung letzten Endes überprüft werden, welcher Inhalt tatsächlich zwischen zwei Gesprächspartnern ausgetauscht wird. Es ist wie mit einem Möbelwagen vor der Tür. Die Leute nehmen an, daß jemand ein- oder auszieht. Was der Möbelwagen in Wirklichkeit geladen hat, eröffnet jedoch erst der Blick in seinen Innenraum. Das ist der Schritt von der Vermutung zur Überprüfung. Der Vorgesetzte, der vermutet, seinen Mitarbeiter eindeutig informiert zu haben, befindet sich eben im Stadium der Vermutung. Was der Mitarbeiter von der gesendeten Information aufgenommen und wie er es schließlich verstanden hat, ist ein zweites, nicht immer inhaltsgleiches Thema.

Ich habe auf die Notwendigkeit zur positiven Instruktion zu Anfang dieses Kapitels hingewiesen. Da das menschliche Gehirn nur eine Sorte von Signalen, nämlich Ja-Signale, verarbeitet, sind Sie als Führer aufgefordert, dem Mitarbeiter das Verstehen und Umsetzen so leicht wie möglich zu machen. Wie bedeutend positives Konditionieren für den Erfolg eines Menschen ist, hat erneut eine im November 1988 veröffentlichte Studie der Sportpsychologen Bernd H. Keßler und Thomas Wagner aufgezeigt. Keßler und Wagner fanden bei einer Untersuchung von 60 Tennisspielern heraus, daß Spielverlierer vor dem Spiel mehr negative und besonders selbstkritische Gedanken hegten als die Gewinner. Die Sieger hatten schon vor dem Spiel mehr positive, zielorientierte Gedanken im Kopf als die Verlierer und feuerten sich damit mehr an als ihre verlierenden Mitspieler. Nach der resümierenden Ansicht der beiden Forscher, die ihre Ergebnisse in der Zeitschrift „Sportpsychologie" veröffentlichten, denken Spielverlierer gegenüber Gewinnern grundsätzlich nicht negativ, aber die Untersuchungen ergaben, daß lediglich ihre Bewältigungsmechanismen während des Spiels negativer waren. Schwächere und verlierende Spieler entwickelten im Spielverlauf eine auffallend destruktive Denkweise, während sich Spitzenspieler durch zuversichtliche Selbstbeeinflussungen quasi ihrer eigenen Kompetenz versicherten.

Es gehört im wesentlichen zu den Pflichten eines jeden Führers, seine ihm anvertrauten Mitarbeiter positiv zu konditionieren. Ich habe aufgezeigt, was Führer im Bereich ihrer eigenen Sprache leisten können, um negative oder verwirrende Konditionierungen zu vermeiden. Ich sprach auch davon, daß Führen eine Hauptaufgabe ist, und ich habe verdeutlicht, daß der Führer über sein eigenes Verhalten als Vorbild wirkt. Gerade hier können meine Mitarbeiter und ich aus unserer Arbeit auf inzwischen unzählige Beispiele zurückgreifen. Mitarbeiter werden mit der Zeit das, was ihre Chefs ihnen vorleben. Ganz wenige gehen ihre eigenen Wege, und das sind die, die ständig nach oben schauen, um zu sehen, welche Sprossen der Karriereleiter demnächst zu besetzen sind.

5.2 Beim anderen sein

Als zweiten wichtigen Leitsatz von Führung habe ich das Talent, „beim anderen sein" zu können, herausgestellt (vgl. Seite 45). Die Schwierigkeit besteht darin, daß Menschen bei der Beschreibung anderer Menschen immer ihre eigenen „psychologischen Zwerge" — das sind die inneren guten Geister, die das Denken, Fühlen, Empfinden und Handeln lenken — mit ins Spiel bringen. Das heißt, wenn B sich so verhält, wie A es gerne hätte, wird B von A als „angenehm", „positiv", „in Ordnung" erlebt. Zum Beispiel höre ich häufig von Chefs, daß sie über Mitarbeiter klagen, die nicht so sind, wie sie sein sollten. Diese Chefs kann ich aber nur zu ihren Mitarbeitern beglückwünschen, sonst gäbe es nichts zu führen. Und wo Führung entfällt, sind Chefs überflüssig — oder? Das ist der eine Teil der subjektiven und oftmals verzerrten Wahrnehmung, daß wir Menschen den anderen am liebsten so haben möchten, wie es unserem Wunschbild entspricht, anstatt ihn so zu nehmen und wahrzunehmen, wie er ist.

Das zweite Wahrnehmungsproblem besteht darin, vom anderen nur das wahrzunehmen, wofür wir gerade ein Auge, Ohr oder Stimmungsmodul haben. Zum Beispiel will der Chef über Erfolgsmeldungen reden, während der Mitarbeiter lieber seine Sorgen loswerden möchte. Hier arbeiten die Kommunikationsstationen der beiden auf einer jeweils anderen Frequenz. Beide reden miteinander, ohne sich wirklich etwas zu sagen.

Das dritte Problem zwischenmenschlicher Wahrnehmung kommt dadurch zustande, daß wir Menschen mehr oder minder stark mit uns selbst beschäftigt sind. Der eigene Arm ist uns der nächste, die eigenen Gedanken sind die vordringlichsten, und die inneren eigenen Anliegen haben oft zu wenig Geduld, um denen anderer den Vortritt zu lassen.

Meine Erfahrungen mit der ersten Betriebsklimaanalyse liegen 13 Jahre zurück. Den Mitarbeitern einer kleineren Firma mit rund 200 Mitarbeitern wurden damals Erhebungsbögen mit ungefähr 100 Fragen ausgehändigt. Ergänzend dazu gaben Einzel- und Gruppengespräche Gelegenheit aufzunehmen, was in den Fragebögen unausgesprochen blieb oder unverständlich war. Als zu Beginn des Jahres 1989 eine größere Untersuchung in einem Pharmaunternehmen mit dem Ziel abgeschlossen wurde, eine firmenspezifische Führungstrainingsmaßnahme vorzubereiten, stellte ich im Vergleich zu damals fest, daß zwar das Verfahren der Untersuchung verfeinert und das methodische Vorgehen in den Jahren dazwischen mehrfach modifiziert worden war, die Durchführenden andere waren und es zwischen dem 1976 und dem 1989 untersuchten Betrieb kaum Gemeinsamkeiten gab — ein Problem jedoch tauchte damals wie heute auf: Mitarbeiter bemängelten, daß sie sich von ihren Vorgesetzten zu wenig wahrgenommen und zu wenig geführt fühlten. Es wurde eine Vielzahl von Detailwünschen genannt, die personen-, bereichs- und situationsspezifisch zu bewerten waren, aber dieser Ruf nach mehr Beachtung, spürbarer Führung und mehr Aufmerksamkeit für den anderen zog sich durch die einzelnen Antworten wie ein roter Faden. Bemerkenswert ist außerdem, daß in der Zwischenzeit abgeschlossene Untersuchungen tendenziell das gleiche Ergebnis hervorbrachten. Ich schließe daraus, daß Führung in diesem Punkt in den letzten 10 Jahren kaum einen bemerkenswerten Schritt vorangekommen ist. Ich meine Führung, nicht Management. Zum Managen braucht man Sachverstand, zum Führen Einfühlungsvermögen.

Führung ist eine Beziehungsangelegenheit, Managen ein Handhaben von Zahlenwerten, Graphiken, Sachvorgängen, strategischen

Planungen, betriebswirtschaftlich orientierten Entscheidungsvorgängen und dergleichen mehr.

Es gibt Chefs, die glauben, mit Managen sei die Tagesarbeit der Vorstände und Bereichsleiter getan. Solche Chefs leben vom „Goodwill" der führungsmäßig Alleingelassenen, sich trotzdem für die Firma zu engagieren. Vermutlich, weil es eine ganze Reihe von Mitarbeitern gibt, die sich gut selbst verwalten können. Sie werden es mit der Zunahme der Computer an den Arbeitsplätzen allerdings noch besser können. Wenn Chefs sich durch Unterlassen von Führung und Flucht ins Management heute unabhängig machen, werden sie morgen überflüssig sein. Unter diesen Voraussetzungen dürfte Peter Drucker mit seiner Prognose recht bekommen, daß immer weniger Vorgesetzte benötigt werden und besonders der Mittelbau der Hierarchie bedeutungslos wird. Auch wenn ich darin die strategische Planung für Verantwortungslosigkeit sehe, kann ich mich mit dem Gedanken für den Fall anfreunden, daß Führung so betrieben wird, wie mancherorts als schlechtes Beispiel vorgelebt: als Nebenjob. Manche Führer kümmern sich zu 50 Prozent um Statistiken, zu 30 Prozent um strategische Planung, zu 10 Prozent um ihre persönlichen Anliegen, zu 5 Prozent um außerbetriebliche Themen, zu 3 Prozent um die Pflege ihres Images und zu 2 Prozent um ihre Mitarbeiter. Damit kümmern sie sich eben nur zu 2 Prozent um das Kapital und die Zukunftssicherung ihres Unternehmens.

In 2 Prozent der Gesamtarbeitszeit das Wichtigste in der Firma zu erledigen, wäre ein Kunststück, wenn es gelänge. Daß es manchmal nach Gelingen aussieht, hängt mit dem Verwechseln von „obwohl" und „weil" zusammen. Statt sich einzugestehen, „obwohl ich mich so wenig um meine Mitarbeiter kümmere, klappt es", lautet der Selbstbetrug, „weil ich mich so wenig . . .".

Ich räume ein, daß der Bedarf an Führung, den ein Mitarbeiter hat, von Mensch zu Mensch variiert. Ich vertrete eine situations- und bedürfnisangemessene Betreuung, nach dem Motto, „den Mitarbeiter da abholen, wo er steht, um ihn dahin zu begleiten, wo er hin soll". Um zu wissen, wo der Mitarbeiter steht, bedarf es der Fähigkeit, sich in den anderen einzufühlen, um sich eine Vorstellung davon zu machen, wie der andere empfindet, erlebt, denkt. Dazu sind Geduld zum Zuhören und die Begabung zum *Hineinhören* erforderlich.

Während sich Zuhören im allgemeinen darauf beschränkt, wahrzunehmen, was der andere sagt, meine ich mit *Hineinhören* noch mehr. Mehr als beim Zuhören soll ein Verständnis dafür entwickelt werden, wie es der andere meint. Wir alle könnten in jedem Gespräch enorme Zeitgewinne erzielen, würden wir uns jeweils nur darauf konzentrieren, was unser Gesprächspartner meint. Dazu bedarf es der (unmöglichen) Konzentration allein auf das, was der andere sagt. Wir müßten dazu eigene Deutung, voreilige Schlüsse, vorbereitete Abwehr, oberflächliche Zustimmung und alle inneren Reaktionen und Aktionen für den Moment des Aufnehmens auf Urlaub schicken. Unser innerliches Engagement konzentriert sich statt dessen auf die Vorbereitung eigener Aussagen, Rüstung „gegnerischer Argumente", Umdeutungen (so, daß es uns paßt), Interpretationen, die als Verständnisfilter wirken, während der andere spricht. Also reagieren wir — wenn er fertig ist — auf das, was wir gehört haben. Das aber unterscheidet sich oftmals ganz erheblich von dem, was der andere gesagt hat. Hinzu kommt, daß der andere es vielfach auch noch anders sagt, als er es meint. Seine inneren Bilder sind klar, ihm fehlen nur die richtigen Worte, um diese Bilder plastisch beschreiben zu können.

Zum Verständnis will ich auf Sprachmuster aufmerksam machen, die das *Hineinhören* erleichtern oder zum Teil sogar erst möglich machen sollen. Einiges von den Sprachmustern ist der „Legende" Milton Ericksons zu verdanken, der als Sprachkünstler unter den Psychotherapeuten hervortrat.

Vielfach entwickeln Behinderte erstaunliche Kompensationsfähigkeiten. Erickson war als Therapeut an seinen Rollstuhl gebunden und durch ihn handlungsberaubt, so daß seine erstaunlichen Fähigkeiten im Umgang mit Sprache möglicherweise hier ihre

Ursache haben. Allerdings habe ich weder das Erickson-Modell, noch seine hypnotischen Sprachmuster übernommen. Erickson hat mich lediglich inspiriert, aber das ist für sich sehr wesentlich, zumal in der einschlägigen Führungs- und Kommunikationsliteratur zwar viel vom Zuhören gesprochen wird, ohne ausreichende Hinweise zu geben, was sprachlich alles herauszuhören ist. Andererseits warne ich schon jetzt vor einer Überinterpretation der Beispiele, wie das mit Körpersprache allgemein Mode geworden ist.

Das Problem mit dem *Hineinhören* besteht in der Regel dann am wenigsten, wenn der Sprechende konkret, präzise und einfach (im Gegensatz zu kompliziert und mißverständlich) formuliert. Wenn das die Sprache des Alltags wäre, hätten Autoren in Sachen Kommunikation weniger Verständnisprobleme zu beklagen, und obendrein würde in der Wirtschaft eine große Summe an Zeit (und Personalkosten!) eingespart. Statt dessen bedienen sich Gesprächspartner verschiedener Verzerrer in ihren Sprachgebräuchen. Nachfolgend die am häufigsten herauszuhörenden Verzerrer:

Informationsaussparungen

Nominalisierungen sind zum Beispiel Wörter, die im Satz die Stelle eines Nomens einnehmen und inkonkret sind. Das, was sie benennen, läßt sich weder anfassen, noch hören oder spüren. Wenn das Wort ein Nomen ist, ohne daß man es einpacken oder transportieren kann, handelt es sich um eine Nominalisierung. Wörter wie „Interesse", „Erfahrung", „Denken" sind typische Nominalisierungen. Mit der Verwendung von solchen Nominalisierungen wird eine Menge an Information weggelassen. Wenn der Mitarbeiter sagt: Er hat viel *Erfahrung*, bleibt zum Beispiel ungeklärt, welche Erfahrung er hat. Der Mitarbeiter bleibt zwar vage, obwohl sich der Chef ein ganz konkretes Bild — nämlich sein Bild — von der Art und dem Umfang der Erfahrung des Dritten macht, ohne daß sich sein Gesprächspartner dazu geäußert hätte. Nominalisierungen sind Verständniskiller, weil jeder der Gesprächspartner in gedachten, aber nicht geäußerten Bildern spricht. So wird von *Pro-*

blemlösungen, Schwierigkeiten, Qualitäten gesprochen, ohne daß die Gesprächspartner abgleichen, was sie tatsächlich meinen.

Auch *unbestimmte Verben* fördern die Kommunikationsverzerrungen durch Informationsaussparung. Wörter wie *erleben, verstehen, wissen, verändern* sind ziemlich unspezifisch. Wenn ich als Autor sage: „Ich möchte, daß Sie als Führender alles Wichtige über Führung *wissen*", bleibe ich sehr ungenau, weil ich für mich behalte, was Sie konkret wissen sollen.

Schließlich verzerrt der *unbestimmte Inhaltsbezug* das Verständnisbild. Das Nomen, zu dem der Satz eine Aussage macht, ist nicht spezifiziert. Zum Beispiel:
„*Man* kann zufrieden sein" (vgl. *„unspezifische Nachrichten"*),
„*das* ist im Augenblick nicht zu klären",
„*jeder* kann bestimmte Gefühle nachvollziehen".

Der Hörer bezieht den Satz auf sich selbst oder eine ihm genehme Person. Beide Gesprächspartner reden aneinander vorbei, ohne diese Ungenauigkeiten zu klären. *Reduzierungen* sind ein weiteres Element von Informationsaussparungen. „Ich weiß, daß Sie interessiert sind" ist ein Satz, in dem das Objekt völlig fehlt. Der Zuhörende hat keine Ahnung, woran er interessiert sein soll. Die Leerstellen muß er mit seiner Phantasie ausfüllen.

Halten wir fest: Informationsaussparungen sind der Hauptwegbereiter für angelegte Kommunikationsverzerrungen, weil der Sender eine (vielleicht) klare Vorstellung von dem konkreten Inhalt seiner Botschaft hat, der Empfänger sich aber die Information so ausgestaltet, wie er glaubt, daß sie gemeint ist.

Einengungen

Wörter wie *alles, niemals, nie, immer,* sind *verallgemeinernde Quantifizierungen*, sie signalisieren Generalisierungen. „*Alles,* was ich ausprobiert habe, ging schief," *niemals* werden wir damit Erfolg haben können;" „das Ergebnis können wir *nie* erreichen;"

„*immer* wird es damit Probleme geben." Die Aussage des Gesprächspartners engt den Zuhörenden ein, weil dieser kaum noch eine Chance hat, dagegen zu argumentieren. Der Grund für den Gebrauch von *verallgemeinernden Quantifizierungen* besteht zumeist darin, der Aussagekraft Nachdruck zu verleihen, um dem kommunizierten Inhalt mehr Gewicht zu geben.

Modalwörter übernehmen eine ähnliche Funktion. Begriffe wie *muß, soll, sollte, nicht können,* signalisieren die Einschränkung von Entscheidungsfreiheit auf eindeutige Weise. „Wir *müssen* handeln!" ist eine Aussage, die dem Zuhörer kaum Spielraum läßt. Ähnlich ist es mit Formulierungen wie „Wir *können nicht* länger warten".

Unterstellungen

Zur Prüfung der eingebauten *Unterstellung* kann man einen Satz verneinen, um zu sehen, was nach wie vor zutrifft. Die simpelste Art von Unterstellungen sind die von der Existenz eines Phänomens, zum Beispiel „Erna hat die Bananen in den Kühlschrank gelegt". Es wird unterstellt, daß „Erna", „Bananen" und „Kühlschrank" existieren. Bei einer Verneinung bleibt die Existenz erhalten: „Erna hat die Bananen nicht in den Kühlschrank gelegt." „Erna", „Bananen" und „Kühlschrank" werden als existent unterstellt, weil sonst der Satz falsch wäre.

Unterstellungen sind im allgemeinen hochgradig wirksame Sprachmuster, mit denen der Kommunikator das einbauen kann, was er nicht in Frage gestellt haben möchte. Im Erickson-Modell der Sprachregelung für Hypnose wimmelt es von Unterstellungen, gegen die sich der Empfänger schon wegen der Fülle kaum wehren kann.

Zur Verdeutlichung will ich einige Kategorien solcher Unterstellungen aufzeigen, deren Beobachtung das Vermögen des Hineinhörens schult:

Ordnungszahlen schaffen Voraussetzungen, die ohne sie bedeutungslos bleiben. Begriffe wie *erstens, zweitens, noch eins* und ähnliches stellen das Gesagte in eine Reihenfolge, die die Voraussetzung schafft, daß das eine mit dem anderen unmittelbar zusammenhängt. „Zunächst möchte ich Ihnen sagen, welches Problem an *erster Stelle* steht." Wenn also ein Problem das *erste* ist, ergibt sich daraus zwangsläufig die Existenz zumindest eines weiteren Problems. „Vielleicht interessiert es Sie, welche der anstehenden Entscheidungen *zuerst* getroffen werden müßten." Daß Entscheidungen zu treffen sind, steht außer Frage, wenn der Zuhörer sich auf die Umlenkung durch den Ordnungsbegriff *zuerst* einläßt.

Alternativmuster unterstellen, daß zumindest eine der beiden Möglichkeiten in Frage kommt. Durch die Verwendung von *oder* lenken *Alternativmuster* von der Frage „Ob überhaupt?" ab. „Wollen Sie die Unterlagen zuerst einsehen, *oder* können wir direkt darüber sprechen?" Die Frage, ob der andere sich überhaupt mit der Angelegenheit beschäftigen will, wird damit geschickt umgangen. Es wird unterstellt, daß er interessiert ist. Mit Adverben kann ein Hauptsatz in einer Aussage zur Unterstellung werden. „Vermutlich sind Sie *gespannt* auf die Einsparungen . . . die mit dieser Lösung verbunden sind." Daß Sie sich mit dem Sachverhalt auseinandesetzen, wird unterstellt. Die Frage ist nur, ob Sie auf die möglichen Einsparungen *gespannt* sind.

Der *wechselnde Gebrauch von Verben und Adverben der Zeit* schafft eine weitere Notwendigkeit, aufmerksam hineinzuhören. *Anfangen, beenden, fortfahren, schon, noch, weiter* sind typische Wörter, mit denen Unterstellungen leicht möglich werden. „Sie können *noch* einen Augenblick überlegen, bevor Sie mir Ihre Antwort geben." Unterstellt wird, daß der andere sich auf seine Antwort vorbereitet. Die Entscheidung für die Möglichkeit, jegliche Antwort zu dem Sachverhalt offen zu lassen, wird damit untergraben. „Bevor ich *weiter* berichte, würde ich gerne auf Ihre Fragen eingehen." Daß der andere — nach Beantwortung der Fragen — weiter berichtet, steht damit außer Frage.

Schließlich sind *kommentierende Adjektive und Adverben* wie *glücklicherweise, interessanterweise, notwendigenfalls* eine in der Regel funktionierende Form von Unterstellungen, die wirken. „*Notwendigenfalls* überprüfen wir die Unterlagen noch einmal, bevor Sie den Auftrag genehmigen." „*Glücklicherweise* können wir den Auftrag per Fax durchgeben." Unterstellt wird, daß ein Auftrag erteilt werden soll.

Je mehr Unterstellungen in einem Satz eingebaut sind, um so sorgfältiger muß man hinhören, um zu wissen, worum es wirklich geht.

„Ich weiß nicht, wie leicht es Ihnen fällt, Ihre Zuhörgewohnheiten umzustellen, und woran Sie zuerst erkennen werden, was Sie alles bisher versäumt haben, wenn Sie ab sofort oder in einigen Tagen anfangen, in Unterstellungen gezielt hineinzuhören".

Indirekte Reaktionsauslöser

Analoges Markieren, Verstärken und versteckte Aufforderungen sind gern gebrauchte Sprachmuster in Überzeugungsreden. „*Sie werden* (1) mit der vorgeschlagenen Strategie *natürlich mehr* (2) Erfolg haben, wenn Sie . . ." Die versteckte Aufforderung (1) wirkt, weil sie durch das Einbauen in einen längeren Satz gar nicht als Anweisung verstanden wird, wohl aber unbewußt aufgenommen wird. Wenn der Sprecher zusätzlich seine Stimme hebt (2), wird die Aufforderung markiert und somit verstärkt. Ebenso können *eingebettete Fragen* mit einer ähnlichen Wirkung wie versteckte Aufforderungen in einer komplexen Satzstruktur enthalten sein. Solche Fragen sind in eine *Persönliche Aussage* (vgl. Seite 56 ff.) eingebaut und haben eine erstaunliche Wirkung. „Ich wüßte gerne die Hintergründe." Obwohl der andere nicht nach den Hintergründen fragt, kann er mit einer Antwort rechnen. Wer Passanten auf der Straße mit dem Satz „ich finde die Oper nicht" anspricht, erhält in derselben Weise Auskunft, als würde er die Frage stellen: „Wo finde ich die Oper?" Der Angesprochene kann sich kaum weigern, die (eingebettete) Frage zu beantworten.

Auch die *Verneinungsform* löst Reaktionen auf indirektem Weg aus. Im Zusammenhang mit klarer Sprachregelung gegenüber dem Mitarbeiter und auf Seite 27 f. war von dieser (Un-)Art des Mitteilens bereits die Rede. Wenn Ihnen eine Aufforderung in verneinter Form gegeben wird, können Sie sich gegen ihre Befolgung kaum wehren, es sei denn, Sie ignorieren die gesamte Aufforderung des anderen. „Denken Sie jetzt *nicht* an große Bäume mit bunten Blättern." Sie müssen zwangsläufig an große Bäume mit bunten Blättern denken, um den Satz zu verstehen. In der primären Erfahrung des Sehens, Hörens und Empfindens gibt es keine Negationen. Verneinungen existieren nur in der sekundären Erfahrung, in symbolischen Bedeutungen innerhalb von Sprache und Mathematik. Oftmals wirkt die Verneinungsform deutlich stärker als die direkte Aufforderung. Das ist immer dann der Fall, wenn der Empfänger der Verneinungsform mit einer Umkehrfunktion (Trotz, Gegenthema) reagiert. „Sie sollten selbst *nicht* zuviel Vergnügen daran finden, andere mit Verneinungsformen schließlich doch zu einer Reaktion zu veranlassen, die diese im Grunde genommen nicht wollen."

Konversationspostulate sind zum Beispiel Fragen, die eigentlich auf eine Ja/Nein-Anwort abzielen, durch die Art ihrer Botschaftsvermittlung aber bewirken, daß der Empfänger umfassender als nur mit Ja oder Nein reagiert. „Können Sie mir den Weg zum Theater beschreiben?" ist eine Ja/Nein-Frage, die wohl kaum jemand mit einem bloßen Ja beantworten wird. Solche *Konservationspostulate* verdeutlichen die uns zur Gewohnheit gewordene Ungründlichkeit, mit der wir auf Mitteilungen anderer reagieren. Wir hören mit halbem Ohr hin und vermuten, was der andere wirklich erfragen möchte.

Die Kenntnis über die vier dargestellten Kommunikationsverzerrer (Informationsaussparungen, Einengungen, Unterstellungen, indirekte Reaktionsauslöser) können Sie natürlich sowohl als Konzentrationsunterstützer zum gezielten *Hineinhören* als auch zur Überprüfung Ihrer eigenen Sprachgewohnheiten nutzen.

„Beim anderen sein" heißt allerdings mehr als nur hineinhören können in das, was der andere sagt. *Hineinhören* ist quasi die Voraussetzung dazu. Sie können *Hineinhören* in Ihrer täglichen Praxis üben, indem Sie sich anhand der gegebenen Beispiele über das, was Sie hören, ein Bild zu machen versuchen. Das Beste ist, Sie nehmen sich eine Woche lang vor, auf alle Informationsaussparungen zu achten, eine weitere Woche konzentrieren Sie sich auf das Heraushören von Einengungen, in einer dritten Woche sind Unterstellungen Ihr Sensibilisierungsziel, und schließlich in der vierten Woche stehen indirekte Reaktionsauslöser auf dem Plan.

„Beim anderen sein" bedeutet außerdem, sich in den anderen hineinfühlen zu können, um ein Verständnis dafür zu bekommen, was im anderen vorgeht. Das ist in ein und derselben Situation nicht unbedingt das gleiche wie das, was in uns, als Beobachter eines anderen, vorgeht.

Das menschliche Nervensystem funktioniert auf der Basis einer operationalen Geschlossenheit. Das jedenfalls belegen die chilenischen Biologen und Erkenntnistheoretiker Humberto Maturana und Francisco Varela. Das Nervensystem nimmt als Teil des Organismus an dessen Interaktion mit seiner Umgebung teil, welche im Organismus andauernd strukturelle Veränderungen auslöst, die dessen Dynamik von Zuständen modulieren. Die Arbeitsweise des Nervensystems ist auch nicht repräsentationistisch. Das Nervensystem ist damit mehr als nur ein Input-Output-Modell. Maturana/Varela: „Das Nervensystem ‚empfängt' keine ‚Informationen', wie man häufig sagt. Es bringt vielmehr eine Welt hervor, indem es bestimmt, welche Konfiguration des Milieus Perturbation darstellen und welche Veränderungen diese im Organismus auslösen. Die populäre Metapher vom Gehirn als Computer ist nicht nur mißverständlich, sondern schlichtweg falsch." Unter anderem greift die Metapher vom „Gehirn gleich Computer" deswegen daneben, weil das Gehirn über eine gegenüber dem Computer unvergleichliche Anpassungs- und Konstruktionsbeweglichkeit verfügt. Auf der einen Seite ist das Nervensystem mit existenzsichernden Funktionsweisen ausgestattet, die als angeboren bezeichnet werden können, auf der anderen Seite lernt das Nervensystem per Imitation mehr, als allgemein eine Vorstellung darüber vorherrscht. Bekannt ist allgemein, daß aufrechtes Gehen und die Benutzung der menschlichen Sprache anerlernte Verhaltensweisen sind. Dagegen treffe ich in meinen Seminaren mit dem Beispiel der bengalischen Wolfskinder, das der Gehirnforscher C. MacLean in „The Wolf Children" 1977 im Detail darstellt, auf großes Erstaunen. Als die beiden Mädchen im Alter von etwa fünf und acht Jahren aus der Versorgung einer Wolfsfamilie „gerettet" wurden, waren sie menschenfremd und zeigten den Tieren nachgeahmte Verhaltensweisen. Obwohl beide Mädchen organisch und psychisch als gesund diagnostiziert wurden, konnten sie weder aufrecht gehen noch sprechen, dafür aber schnell auf allen vieren laufen. Sie hatten — wie Wölfe — ausdruckslose Gesichter, aßen nur rohes Fleisch und wurden nachts aktiv. Jeden menschlichen Kontakt lehnten sie ab. Die Trennung von den Wölfen führte zu tiefen Depressionen mit Todesfolge bei einem der Mädchen. Das andere Mädchen lebte noch etwa 10 Jahre und wuchs bei Waisenkindern auf. Alle Bemühungen halfen nicht, das überlebende Mädchen richtig an die menschliche Zivilisation anzupassen. Es stellte seine Nahrungsgewohnheiten und seine Aktionszyklen um. Auch lernte es auf zwei Beinen zu gehen, aber in Hektik fiel es in vierbeiniges Laufen zurück. Seine Sprache bestand aus der Verwendung einzelner Worte. Von den Personen, die es kennenlernte, wurde es niemals richtig menschlich empfunden.

Die Wolfsmädchen von 1922 sind keinesfalls der einzige der Wissenschaft bekannte Fall. Obwohl die genetische, physiologische und anatomische Ausstattung menschlich war, hat eine Ankopplung an den menschlichen Kontext im erwartungsgemäßen Sinne nicht stattgefunden. Das Lernprogramm des Gehirns war derart auf die wolfsmäßige Erziehung fixiert, daß eine Anpassung an ein zweites Orientierungssystem — das menschliche — ausblieb beziehungsweise im Falle des überlebenden Mädchens nur mit starken Einschränkungen stattfand. Die ersten Jahre im Leben eines

Menschen bringen in jedem von uns ein ihm eigenes Wahrnehmungs- und Verständigungssystem hervor, obwohl es durchaus gemeinsame, nämlich genetische, physiologische und anatomische Beschaffenheiten gibt. Unser Nervensystem schafft sich „sein Bild" von der Wirklichkeit, das immer ein subjektives ist.

Maturana und Varela verdeutlichen dieses „Bild", das sich unser Nervensystem schafft, anhand eines Beispiels: „Stellen wir uns jemanden vor, der sein ganzes Leben in einem Unterseeboot verbracht hat, ohne es je zu verlassen, und der in dem Umgang damit ausgebildet wurde. Nun sind wir am Strand und sehen, daß das Unterseeboot auftaucht. Über Funk sagen wir dann dem Steuermann: ‚Glückwunsch, du hast alle Riffe vermieden und bis elegant aufgetaucht; du hast das Unterseeboot perfekt manövriert!' Der Steuermann im Inneren des Bootes ist jedoch erstaunt: ‚Was heißt denn Riffe und Auftauchen? Alles was ich getan habe, war, Hebel zu betätigen und Knöpfe zu drehen und bestimme Relationen zwischen den Anzeigen der Geräte beim Betätigen der Hebel und Knöpfe herzustellen — und zwar in einer vorgeschriebenen Reihenfolge, an die ich gewöhnt bin. Ich habe keine Manöver durchgeführt, und was soll das Gerede von einem Unterseeboot?' Für den Fahrer im Inneren des Unterseebootes gibt es nur die Anzeigeninstrumente, ihre Übergänge und die Art, wie zwischen ihnen bestimmte Relationen hergestellt werden können. Nur für uns draußen, die wir sehen, wie sich die Relationen zwischen dem Unterseeboot und seiner Umgebung verändern, gibt es das ‚Verhalten' des Unterseebootes, ein Verhalten, das je nach seinen Konsequenzen mehr oder weniger angemessen erscheint."

Damit wird verdeutlicht, daß jeweils der andere ein und dieselbe, anscheinend objektive Situation auf seine Art und Weise, im Rahmen seiner Bilder, erlebt. Wenn wir uns darum bemühen, beim anderen zu sein, dann tun wir gut daran, von einer unter Umständen ganz anderen Wahrnehmung, Empfindung, Einstellung, Erfahrung auszugehen. Dabei kommt es nicht darauf an, herauszufinden, wer — der andere oder wir — richtig liegt, weil es ein

Richtig oder Falsch nicht gibt. Nur wenn wir bereit sind, uns mit dem anderen zu identifizieren, uns in seine Welt hineinzuversetzen, so zu sehen, zu hören und zu erleben wie er, erfahren wir zu einem Teil, wo er steht (mit seiner Meinung), was er auslösen will (mit seiner Haltung), was es mit ihm macht (in seinen Gefühlen). Dabei kommt uns unsere Imitationsfähigkeit (vgl. „Wolfskinder") zugute. Wir haben soziales Verhalten erlernt. Andere dienten uns dabei als Vorbilder. Also hat jeder Mensch eine ganz natürliche Begabung erworben, „andere" wahrzunehmen.

Meine Begeisterung gegenüber der in den letzten Jahren vermarkteten Körpersprache ist begrenzt, weil die Gefahr der Fehl- und Überinterpretation bei jeder Deutung eines einzelnen körpersprachlichen Signals (Hand-, Finger-, Fußbewegungen und dergleichen mehr) lauert. Was ich hier anspreche, meint etwas anderes als die Entschlüsselung körpersprachlicher Botschaften. Angesprochen ist die Bereitschaft, einfühlend des anderen Innenwelt zu erfassen, um mehr mitzubekommen als das gesprochene Wort.

Angenommen, ein Mitarbeiter sitzt seinem Chef gegenüber und soll auf dessen Frage „Wie zufrieden sind Sie mit der neuen Situation in Ihrer Abteilung?" eine Antwort geben. Unterstellen wir weiter, daß der Mitarbeiter unzufrieden ist. Der Grad der Wahrheit in der gegebenen Antwort wird in starkem Maße von dem Klima des Gesprächs und dem Vertrauensempfinden gegenüber dem Vorgesetzten abhängen, möglicherweise auch allein von der Konfrontationsbereitschaft und der damit verbundenen Risikofreude des Mitarbeiters. Der Chef muß damit rechnen, eine „polierte" Antwort zu bekommen, eine mit „Oberflächenkosmetik" geschönte Aussage. Der mit sich selbst beschäftigte Manager wird der Erfahrung nach die Antwort nehmen und sie glauben, wie sie sich anhört: „Es ist alles in Ordnung." Dagegen wird ein Chef, der sich auf mehr als nur das gesprochene Wort beim Mitarbeiter konzentriert, mitbekommen, daß die Worte nicht gleich Meinung sind. Wodurch? Er kann beobachten, daß das wahrnehmbare Verhalten des ihm gegenübersitzenden Menschen mit der verbalen Antwort so nicht in Einklang zu bringen ist. Es handelt sich hierbei um eine „diskordante Nachricht". Die Worte sagen „o. k.", der Körper „nicht o. k.", durch die Mimik im Gesicht oder andere, vorwiegend filigrane Bewegungen oder Regungen, die das Gegenteil von „zufrieden" signalisieren. Für den Chef ist es wichtig, die Diskordanz der Botschaft mitzubekommen. Deshalb reicht es nicht aus, sich auf die Beobachtung oder die visuelle Wahrnehmung des Mitarbeiters zu konzentrieren.

Das Trainieren einzelner körpersprachlicher Symbole und deren (mögliche!) Bedeutung lehne ich in erster Linie ab, weil die anerworbene Fähigkeit der Entschlüsselung oft mißbraucht wird. Denn dadurch entsteht erneut der Zustand, daß der Chef bei sich anstatt beim Mitarbeiter ist. Er glaubt nämlich, die beobachteten körpersprachlichen Symbole verstanden zu haben, anstatt sich weiter mit dem Mitarbeiter zu beschäftigen. Letzten Endes kann nur der Betroffene sagen, was in ihm vorgeht. Der Beobachter mag es zwar vermuten, kann es aber in keinem Fall mit ausreichender Präzision diagnostizieren. Der qualifizierte und vor allem engagierte Führer wird eine *Hintergrundfrage* stellen, zum Beispiel: „Ist es wirklich so o. k., wie Sie sagen?", oder ganz simpel: „Alles?" Mit der knappen Frage „Alles?" steuert er das Gegenthema an, das er aus der Diskordanz zwischen Wort und Körper ableiten kann.

Unser Körper reagiert spontaner, ungeschminkter und unkontrollierter, als dies bei einer Verbaläußerung der Fall ist. Demzufolge gehen vom Körper eine Menge „ergänzender" oder auch „korrigierender" Botschaften aus. Körpersprache bezeichne ich deswegen als Ergänzungssprache zur Verbalsprache, die zudem gegenüber der Verbalsprache die „echtere", weil weniger manipulierbare Sprache ist. Was haben Sie als Chef nun davon, wenn Sie mehr als das gesprochene Wort von Ihren Mitarbeitern mitbekommen? Ich sehe ganz erhebliche Vorteile, zum Beispiel:

— exaktere Informationen über das, was mit dem Mitarbeiter ist,
— klare Dispositionsmöglichkeiten infolge der umfassenderen Information,

— kürzere Gespräche bei gleichzeitig höherer Effektivität,
— klarere Gestaltungsmöglichkeiten für das, was im allgemeinen unter „Mitarbeitermotivation" verstanden wird.

Vermutlich werden Sie jetzt einige Tips oder Anhaltspunkte erwarten, um Ihre Sensibilität für den anderen zu steigern. Solche Fähigkeiten lassen sich leichter und gründlicher in der konkreten Seminararbeit vermitteln (trainieren), doch kann ich Ihnen einige Anregungen zur Umsetzung anbieten. Dazu will ich einzelne Übungsschritte aus der Seminararbeit aufzeigen, die auch ohne Trainerbegleitung nachvollzogen werden können.

Übung „Freqenzgang-Angleichung"

Setzen Sie sich mit einem Partner zusammen (Lebenspartner, Freund/Freundin, Kollege/Kollegin) und legen Sie zu Beginn der Übung fest, wer A und wer B sein soll. A ist der eigentlich Aktive, B könnte man eher als Begleiter oder Übungsmedium bezeichnen.

B setzt, stellt oder legt sich, so wie es bequem und natürlich ist. B macht nichts weiter, als zu atmen und die Gedanken kommen und gehen zu lassen, ohne Anstrengung, ohne besondere Aufgabe. Wenn B diese „Grundstellung" eingenommen hat, folgen für A einige Übungsschritte, die jeder für sich mindestens über fünf Minuten durchgehalten werden sollten.

1. A konzentriert sich auf die Atmung von B, um sich mit seiner Atmung dem Rhythmus von B anzugleichen, bis beide synchron atmen, sowohl was den Tiefgang, als auch das Tempo des Ein- und Ausatmens betrifft.
2. Wenn A den Rhythmus gefunden hat, behält er ihn für eine Weile bei, um dann allmählich B zu „führen", indem A versucht, die Rhythmik hinsichtlich Tempo oder Tiefgang vorsichtig zu verändern. Sobald B „mitschwingt", kann sich A weiter vor wagen, also versuchen, daß B ihm im stärkeren Maße folgt. Sollte B sich darauf nicht einlassen, paßt sich A soweit an, daß der Frequenzgang der beiden wieder übereinstimmt. Es geht bei

dieser Übung um nichts weiter als die Atmung! Wer diese Übung konzentriert und zum ersten Mal durchführt, wird erfahren, daß die Sache mit (nur) der Atmung anstrengend genug ist.

3. Anschließend teilt B gegenüber A mit, wie er sich bei der Übung gefühlt hat, das heißt, ob er bemerkt hat, wenn er sich A anpaßte und wie er aus seinem Erleben den Gleichklang beschreibt.

Von Vorteil ist ein Beobachter, der anschließend als „Außenstehender" Feedback geben kann und über den zusätzliche Informationen über die Intensität der Übung eingeholt werden können.

Übung „Gedankenlesen"

Auch hier brauchen Sie einen Übungspartner und falls möglich einen Beobachter. Als A sind Sie, wie in der vorher beschriebenen Übung, der eigentlich Übende. Bitten Sie B, „gemütlich" einen Platz einzunehmen und sich ganz auf sich selbst zu konzentrieren.

1. Wenn diese „Grundstellung" erreicht ist, fordern Sie als A den B auf, sich eine Lebenssituation vorzustellen, die er als *angenehm* in Erinnerung hat. B sollte nicht darüber reden, sondern sich diese Situation intensiv vorstellen, während Sie als A ihn konzentriert beobachten. Nehmen Sie dabei alles wahr, was Sie an B beobachten können (jedes Detail in seinem Gesicht, seinen Hals, seine Atmung, Hände und Füße). Prägen Sie sich seinen Gesichtsausdruck, Merkmale seiner Atmung und sonstige körpersprachliche Signale ein. Wenn Sie nach einigen Minuten glauben, genug „gelernt" zu haben — zwischendurch sollten Sie eventuell wiederholend dazu auffordern, daß B sich „seine" Situation immer „genauer", immer „detaillierter", immer „gründlicher" vorstellt, um einen Szenenwechsel zu verhindern —, bitten Sie B, seine Bilder von der Situation zu verlassen.

2. Nun fordern Sie B auf, sich eine Situation aus seinem Leben in Erinnerung zu bringen, die *unangenehm* war. Wiederum soll er sich gedanklich ganz auf die Situation einlassen, während Sie äußere Merkmale an ihm studieren, die nun anders sind, als im

ersten Teil der Übung. Vielleicht sind seine Mundwinkel angespannter, vielleicht nehmen seine Augen eine andere Stellung ein oder seine Augenlider wirken nervös, eventuell können Sie Veränderungen der Hautfarbe, der Finger- oder Fußstellung, der Atmung beobachten. Wenn Sie ganz konzentriert beim anderen sind, nehmen Sie Veränderungen wahr, und zwar filigrane, aber eindeutige. Achten Sie auf alles, was sich Ihnen anbietet und registrieren Sie es in Ihrem Gedächtnis. Falls Sie glauben, nichts beobachten zu können, aktivieren Sie B erneut mit der Bitte, sich „ganz intensiv" diese (negative) Situation vorzustellen.

3. Nun, nachdem Sie durch Beobachtung zwei unterschiedliche Ausdrucksweisen an B festgestellt haben, können Sie sich überprüfen, ob Sie richtig und gründlich beobachtet haben. Dazu stellen Sie B vergleichende Fragen zu den Situationen, die er „für sich", also ohne es auszusprechen, beantworten soll. Beispiele: „Welche von den beiden Situationen liegt länger zurück?" „Welche der Situation würdest Du aus jetziger Sicht als wichtiger einstufen?" Es ist bei den Fragen darauf zu achten, daß Sie jeweils für eine der beiden Situationen eine klare Antwort ermöglichen. Andernfalls wäre es Ihnen als Beobachter unmöglich, die Antworten den Situationen *angenehm/unangenehm* zuzuordnen. Denn daran können Sie messen, wie sehr es Ihnen gelungen ist, B wahrzunehmen. Bei guter Konzentration auf B müßte es Ihnen anschließend möglich sein, jede Frage der jeweiligen Situationen zuzuordnen, ohne die Zuordnung von B zu hören. Das brauchen Sie auch nicht, weil bei B die Antwort „abzulesen" ist, vorausgesetzt, er kann die Frage eindeutig zuordnen.

Bei dieser Übung kommt es ebenso wie bei der zuvor aufgezeigten auf Sie als A an. Beides sind Übungen, die Ihnen helfen, sich in Ihrer Fähigkeit der sensitiven Wahrnehmung des anderen zu üben.

Manchmal fragen Seminarteilnehmer, ob denn solche Übungen wegen der intensiven Beobachtung des anderen und damit des möglicherweise zu tiefen Eindringens in seine Intimzone ethisch erlaubt seien. Diese und ähnliche Fragen zeigen, wie sehr wir offenbar in unserer Gesellschaft darauf bedacht sind — ganz besonders im beruflichen Begegnungsraum — anderen nicht zu nahe zu kommen. Eher lassen wir ihn dort, wo er ist und wie er ist, anstatt uns um ihn zu kümmern. Im Zusammenhang mit Führung ist das eine unpassende Einstellung. Hier zeigt sich, daß „Führung" mit „Management" verwechselt wird. Ein Manager kann von seinem Schreibtisch aus Dinge steuern und regeln, ein Führer muß wissen, wen er führt und wohin er führt. Wie soll ich als Führer wissen, wen ich führe, wenn ich nicht exakt hinsehe und hinhöre? Wen führe ich eigentlich, wenn ich, statt den anderen zu sehen, bei mir selbst, bei all meinen Verwicklungen bin? Welche Funktion übe ich aus und wofür werde ich bezahlt, wenn ich Leiter bin, ohne zu leiten?

5.3 Optimieren und immer wieder optimieren

Im folgenden geht es um *Qualität* als Sammelbegriff für alles, was sich besser machen läßt. Das Spektrum reicht vom äußeren Bild des Unternehmens über das Verhalten der Mitarbeiter bis hin zu Produkten oder Dienstleistungen, die Kunden bei der Stange halten sollen. Obwohl im Grunde genommen allgemein akzeptiert, wird zu wenig danach gelebt, daß der Kunde die Schlüsselfigur ist, die über Sein oder Nichtsein entscheidet. Das Management bekommt sein Geld nicht von den Kapitaleignern, sondern vom Kunden. Mitarbeiter entwickeln allzu oft ein falsches Verständnis von der Quelle, die Gehälter ermöglicht. Der Kunde schafft die Basis für Gehälter, die seitens des Managements festgesetzt und vom Rechnungswesen oder der Personalabteilung zur Überweisung freigegeben werden. Genau genommen stimmen die Hierarchiegraphiken der Firmen und Behörden nicht, weil über allem stehend der Kunde vergessen wird. Was sich dank japanischer Entwicklungshilfe in einigen Branchen herumgesprochen hat, scheint in anderen Branchen der Hobbyartikel einiger weniger zu sein: alles so gut machen, daß der Kunde an die Magie des Optimalen glaubt.

Der Intendant des WDR, Friedrich Nowottny, sagt es, angesprochen auf sein Verhältnis zu konkurrierenden Privatsendern, mit klaren Worten: „Wir werden gegen die privaten Sender nur bestehen können, wenn unsere Qualität ungleich besser ist." Es gibt drei Arten, Märkte zu erobern und zu behalten, zwei anstrengende und eine sichere.

— Die erste anstrengende Art besteht in einem raffinierten Marketing, das die Kunden mit immer neuen Attraktionen anlockt.

— Die zweite, nicht minder anstrengende Art, ist die des Aufspürens von immer neuen Geldgebern, um durch finanzielle Überlegenheit Kunstloopings zu veranstalten, die die finanziell schwächer ausgestatteten Mitbewerber nur neidisch aus der Ferne beobachten können.

Beide Arten setzen das Management unter Dauerstreß und gleichen einer Urwaldwanderung bei Nacht, bei der das Marschgepäck aus Taschenlampen und Buschmessern besteht. Der Tatbestand der Gefahren vor und nach jedem Schritt nach vorn bleibt. Da helfen Erinnerungen an zurückliegende Erfolge und mutmachende Suggestivsätze kaum darüber hinweg.

— Die sichere Art, Märkte zu gewinnen und auch in Krisenzeiten behalten zu können, ist die, Kunden durch Qualität geradezu süchtig zu machen.

Qualitätssicherung im üblichen Sinne ist das falsche Instrument — so wertvoll es im allgemeinen auch sein kann —, das hohe Ziel von optimaler Qualität zu erreichen. Qualität muß man zuerst denken und dann machen, bevor sie sich sichern läßt. Offenbar muß etwas falsch laufen, wenn das Instrument „Qualitätssicherung" seit Jahren installiert ist und gleichzeitig Verkäufer geschult werden müssen, den Kunden „geeignete Argumente" (auf deutsch: Ausreden) zu liefern, die helfen sollen, die Pannen, Reklamationen und Unstimmigkeiten verblassen zu lassen. Manchmal geht solche Argumentationsakrobatik so weit, daß der Kunde sich schämen muß, die Sache so „falsch" beurteilt zu haben. Da ist es ein schwacher Trost, daß der Kunde sich für seine angemeldeten Zweifel nicht noch in aller Form zu entschuldigen hat. Qualität produziert ein Unternehmen dann, wenn die Kunden sich eine Meinung bilden, die — so ist das nun einmal — auf den Kriterien subjektiver Wahrnehmung beruht. Damit steht Qualität ganz oben auf der Prioritätenskala von Führungskräften — sie sollte es zumindest.

Was ist „Qualität", wo sollte sie sichtbar werden? Wie läßt sie sich erreichen und erhalten? Wer ist dafür verantwortlich? Was kostet sie? Und kann man denn überhaupt . . .? Um es noch einmal klarzustellen, in diesem Buch geht es um die Führung von Menschen, nicht um die Justierung von Maschinen. Um über das Thema Qualität nachzudenken, müssen Sie weder Ingenieur sein, noch auf einer bestimmten Ebene der Führung Verantwortung tragen. Ich bin immer wieder erstaunt, wie schwer wir uns in der deutschen Wirtschaft mit der Umsetzung von als gültig und brauchbar anerkannten Notwendigkeiten tun. 1983 erschien die deutsche Ausgabe von „In Search of Excellence" („Auf der Suche nach Spitzenleistungen" von Tom Peters und Robert Waterman), gefolgt von „A Passion for Excellence" („Leistung aus Leidenschaft"), mit dem Tom Peters — diesmal mit Nancy Austin — 1986 erneut versuchte, seine Vorstellungen vom Optimum an den Mann zu bringen. Das erste wie das zweite Buch stießen auf reges Interesse. Peters ist damit sogar ein bekannter Mann geworden, den man gerne auf Kongressen seine These predigen läßt. Durch meine Tätigkeit in Großkonzernen der deutschen Wirtschaft erlebe ich beinahe täglich, wie unüberwindbar offensichtlich die schmale, schwankende Brücke vom Ufer der (akzeptierten) Theorie zum Ufer der (gelebten) Praxis ist. Tom Peters — oder wen auch immer — zu glorifizieren bringt kein Unternehmen nach vorn, solange nicht die als gültig anerkannten Thesen — und nur um die geht es zunächst — mit größter Leidenschaft Zug um Zug durchgesetzt, eingeführt, verwirklicht oder zumindest greifbar gemacht werden. Zugegebenermaßen bin ich auf dem Gebiet der Kluften zwischen Theorie und Praxis ein merkwürdiger Sonderling, der wenig Einsicht dafür entwickelt, daß Menschen des Papstes Worten gläubig und andachtsvoll Gehör schenken, die Grundlagen und Gebote der Religion voller Ehrfurcht respektieren, um sie dann permanent zu verletzen.

Vielleicht denke ich zu einfach, aber ich sehe nur drei Möglichkeiten, solchen Widersprüchen zu begegnen:

— die Lehre als unpraktikabel zu verwerfen,
— nur den Teil von der Lehre als richtig anzuerkennen, der umsetzbar ist,
— es umzusetzen, konsequent und ohne Wenn und Aber!

Was und wem nützen Leitsätze und Gebote, die mißachtet werden? Eine nicht gelebte Lehre ist eine leere Lehre. Sie nimmt den Raum ein, der frei sein könnte für einige wenige Merksätze, die sich auch tatsächlich jeder merken kann. Wenn Sie so weit sind, daß Sie konsequent das leben, was von Ihnen als gültig anerkannt wird, sind Sie denen weit voraus, die sich an immer wieder neue Apostel anhängen oder jeden Tag eine Menge Zeit damit verschwenden zu bereuen, was sie anders hätten machen müssen oder machen sollen.

Wenn Sie optimieren wollen, fangen Sie bei sich selbst an. Zum Beispiel können Sie sich eine Stunde Zeit nehmen, in der Sie in der ersten Hälfte alles das auf die linke Seite eines Blattes notieren, was für Sie lebenswerte Leitsätze sind. Greifen Sie alles auf, was Ihnen dazu einfällt. Allerdings sollten Sie sich zuvor auf weniger als „Ihr Leben" eingrenzen, zum Beispiel auf „Ihre Rolle als Vorgesetzter" oder „Ihre Rolle als Gesprächspartner". Wichtig ist, daß Sie einen bestimmten Ausschnitt Ihres Seins nehmen, weil Sie sich sonst auf einen Tag und mehr einrichten müssen.

Sie könnten denken, daß eine halbe Stunde viel zu viel an Zeit dafür sei. Mein Tip ist: Versuchen Sie es. Machen Sie in dieser halben Stunde nichts anderes, als sich auf das Sammeln zu konzentrieren. Auch wenn es für Sie zunächst ungewohnt erscheint, sammeln Sie, nichts weiter, 30 Minuten lang. Vermeiden Sie Allgemeinplazierungen, sogenannte „generalisierende Aussagen". Damit wären Sie sofort fertig, wenn nämlich Ihre erste „generalisierende Aussage" hieße: „Ich will ein optimaler Führer sein." Prüfen Sie jede Ihrer Aussagen, bevor Sie weiterschreiben, ob sie sich konkretisieren, also in erklärende, beschreibende Aussagen zerkleinern läßt. Zum Beispiel: „Ich will mich täglich 30 Prozent meiner Zeit um die Anliegen meiner Mitarbeiter kümmern" oder „Ich will mich auf den anderen konzentrieren, wenn jemand mit mir spricht."

Nach der ersten halben Stunde folgt der zweite Teil der Übung, in dem Sie eine Gewichtung Ihrer Leitsätze nach drei Kriterien vornehmen:

Kriterium 1: Alles streichen, was nicht machbar ist.
Kriterium 2: Alles unterstreichen, was sein muß.
Kriterium 3: Alle noch unbehandelten Sätze überprüfen, ob sie möglicherweise zu Kriterium 1 oder 2 passen. Gegebenenfalls für später so stehen lassen.

Nach dieser Gewichtung sollten Sie sich die Mühe machen, zwei neue Auflistungen anzulegen. In Liste A gehören alle unterstrichenen Leitsätze des Kriteriums 2, in Liste B alle noch übrigen aus Kriterium 3, die Sie nicht zuordnen konnten oder mochten. Jetzt müßten in Liste A ausnahmslos solche Leitsätze stehen, die Sie leidenschaftlich und mit aller Konsequenz umsetzen und leben werden, monatlich, wöchentlich, täglich, stündlich. Liste B können Sie so lange vergessen, bis Sie sich ein genaues Bild davon gemacht haben, ob Sie Ihre Leitsätze der Liste A denn auch tatsächlich mit Leidenschaft leben. Sollten Sie feststellen, daß Sie nur einen Teil Ihrer Ansprüche erfüllen — wobei ich Ihnen ein gehöriges Maß an kritischer Selbstreflexion unterstellen muß — übertragen Sie alle nicht gelebten Leitsätze in Liste B. Diese Bereinigung der Liste A sollten Sie so oft und so lange vornehmen, bis Liste A der Ausweis einer Reinkultur Ihrer tatsächlich gelebten Grundsätze ist. Im Laufe der Zeit können Sie Aussagen aus Liste B in die A-Liste übernehmen, wenn Sie sich vorgenommen haben, ab jetzt konsequent danach zu leben. Ist Ihnen dieses bezogen auf einen Leitsatz über eine längere Distanz — zum Beispiel vier Wochen — gelungen, ist dieser Leitsatz würdig, in Liste A zu bleiben.

Was bringt Ihnen dieser Aufwand? Die meisten Menschen nehmen sich viel vor und setzen wenig davon um. Sie machen sich damit entweder zu Sklaven ihrer eigenen Ansprüche, oder sie werden mit der Zeit phlegmatisch. Ein Vorgesetzter handelt sich mit solcher Labilität mehr Image-Kratzer und damit Kompetenznachteile ein, als ihm lieb sein kann. Die Leistungen, die er als Gegengewicht zu erbringen hat, um respektiert zu sein, stehen in keinem gesunden Verhältnis zu dem Preis, den er dafür zu bezahlen hat: Streß, Überstunden, Kontrolle, Angst vor Machtverlust und als Folge gesundheitliche Gefährdung. Wenn Sie mit leichter Führungshand in Ihrem Umfeld viel bewegen wollen, dann gibt es kein besseres Instrument, als vorzuleben. Es mangelt ja schließlich in unserer Wirtschaft nicht an Absichtserklärungen, um so mehr jedoch an Konsequenz, wenn es um Qualität geht. Zur Orientierung soll die nachstehende Auflistung Qualitätskriterien für Führungskräfte aufzeigen. Solche Vorgaben aktivieren jedoch beim Leser oft die Neigung, Punkt für Punkt abzuhaken, anstatt sich frei assoziierend mit der Qualität des eigenen Fähigkeits- und Verhaltenspotentials auseinanderzusetzen. Sehen Sie die Auflistung als Orientierungshilfe, wie eine Menükarte in einem guten Restaurant, in dem der Küchenchef ein offenes Ohr für individuelle Anliegen seiner Gäste hat und ungeachtet der Wünsche stets die besten Zutaten verwendet. Es gibt nicht den richtigen oder den idealen Führer, es kommt auf Persönlichkeit, Ausstrahlung und Originalität an solange das, was der Führer zu bieten hat, nicht im Widerspruch zu dem steht, was er von anderen erwartet.

Qualitätsmerkmale der Führungspersönlichkeit
Sammlung ohne Gewichtung

- ☐ Geht mit offenen Augen durch den Betrieb.
- ☐ Hört hinein anstatt nur hin.
- ☐ Lebt vor, was er von anderen verlangt.
- ☐ Nimmt sich Zeit für Mitarbeiter.
- ☐ Strahlt eine positive Grundhaltung aus.
- ☐ Hilft, wenn seine Hilfe gefragt ist.
- ☐ Arbeitet aus Überzeugung, nicht aus Geltungsdrang.
- ☐ Stimmt Ziele und Aufgaben ab und vergibt Kompetenzen.
- ☐ Akzeptiert Gefühle, eigene und die anderer.
- ☐ Ist bemüht um ständige Optimierung in allen Bereichen, strebt die jeweils beste Lösung an.
- ☐ Kann sich in andere hineinversetzen.
- ☐ Erhält den Mitarbeitern ihre Individualität.
- ☐ Versprüht Vitalität.
- ☐ Bindet Mitarbeiter in alle Vorgänge mit ein, von denen sie betroffen sind oder werden könnten.
- ☐ Bemüht sich um realistische Forderungen gegenüber den Mitarbeitern.
- ☐ Stellt sich vor seine Mitarbeiter, um sie zu schützen.
- ☐ Ist von dem, was er vertritt, überzeugt.
- ☐ Hält sich konstant an Absprachen.
- ☐ Lebt die Unternehmensphilosophie vor.
- ☐ Ist konsequent und doch verständnisvoll.
- ☐ Ist begeisterungsfähig.
- ☐ Vermittelt Vertrauen.
- ☐ Hält viel von Fortbildung, bei sich und bei seinen Mitarbeitern.
- ☐ Ist darum bemüht, daß Mitarbeiter Erfolge feiern können.
- ☐ Ist gründlich, ohne ein Pedant zu sein.
- ☐ Ist selektiv authentisch (alles, was er sagt, ist wahr, ohne daß er alles sagt, was wahr ist).
- ☐ Kritisiert niemals im Beisein Dritter.

- ☐ Lobt und kritisiert konkret, anstatt mit Allgemeinplätzen.
- ☐ Sein Büro bietet eine einladende Kulisse für entspannte Gespräche.
- ☐ Geht an die Arbeitsplätze der Mitarbeiter, um mit ihnen zu reden.
- ☐ Fördert jeden, der weiterkommen will, so gut er kann.
- ☐ Gibt Rückmeldungen, ohne seine eigenen Werturteile aufzwingen zu wollen.
- ☐ Läßt Spielraum im Ablauf und orientiert sich an Ergebnissen.
- ☐ Bemüht sich stets um Objektivität.
- ☐ Begründet seine Erwartungen und Anweisungen.
- ☐ Vertrauliches behält er für sich.
- ☐ Bewertet die Leistung und sieht den Menschen.
- ☐ Mitarbeiter sind aus seiner Perspektive wichtiger als er selbst.
- ☐ Ist sich gegenüber kritisch und bereit, täglich dazuzulernen.

Auflistungen von Qualitätsmerkmalen für Führung können dazu verleiten, unkritisch jeden Satz zu akzeptieren, nachdem das herausgelesen wird, was gerade paßt. Es ist besser, die Auflistung als Orientierung zu benutzen, um kritisch Selbstreflexion zu praktizieren, ohne sich der menschlich durchaus verständlichen Tendenz zur „sozialen Erwünschtheit" (ich beschreibe mich so, wie ich gerne sein möchte, anstatt so, wie ich bin) auszuliefern. Selbsteinschätzung — und zwar real und objektiv — ist eine Eigenschaft, die vielen Führungskräften fehlt, vielleicht weil jede erkannte Schwäche tiefer trifft als schlechte Geschäftsergebnisse. Andererseits läßt sich keine Firma und keine Abteilung mit der Statik von Luftschlössern auf Dauer führen. Es droht der Spuk des Erkennens, wenn es zu spät ist. Bei dem ein oder anderen gibt es zunächst in diesem Bereich eine Menge zu optimieren. Damit anzufangen ist es nie zu spät, solang die Geister der Abberufung in den Truhen eines ungekündigten Vertragswerkes ruhen.

Die Auflistung mag andererseits erschrecken, weil die Erfüllung aller Punkte unerreichbar erscheint. Es ist besser, fünf gute Eigenschaften zu haben und sich eine sechste anzugewöhnen, als vierzig zu planen. Wenn Qualität Ihnen ein wichtiges Anliegen ist, fangen Sie bei sich selbst damit an. Es mangelt nicht an Führungskräften mit guten Vorsätzen, wohl aber an solchen mit guten Grundsätzen. Qualität läßt sich nicht einfach verordnen, so wünschenswert das auch sein mag. Mitarbeiter sind besonders in diesem Bereich aufmerksame Beobachter ihrer Vorgesetzten. Vorgelebtes läßt sich leicht nachahmen, so daß Chefs gar nicht vorsichtig genug sein können, was ihr eigenes Verhalten angeht. Wenn der Vorgesetzte sich als Orientierungsmaßstab anbietet, ist das auch heute noch die beste Methode.

Daneben bietet sich beinahe gleichwertig die zweitbeste Methode an: Qualitätstalente zum Vorbild der ganzen Firma oder Gruppe zu fördern, wo es nur geht. Das Problem unserer Zeit besteht vielerorts darin, daß den „Falschen" zum Aufstieg verholfen wird. Gemeint sind die Einschmeichler, Intriganten, Beziehungsjongleure, die es geschickt verstehen, mit der eigenen Karrieresucht andere derart in den Schatten zu stellen, daß das vorhandene Licht des Vorgesetztenauges ausschließlich auf sie fällt. Unter den Mitarbeitern gibt es „Verkäufer" und „Handwerker". Die einen reden drüber und streichen Beifall ein, die anderen machen, ohne jemals wirklich entdeckt zu werden.

Legen Sie fest, was Sie — qualitätsmäßig — in den nächsten Jahren in der Firma erreichen wollen, und dann begeben Sie sich auf die Suche nach den in diesen Maßanzug passenden Talenten. Optimieren fängt beim Menschen an und hört dort auf, weil kein System und keine Maschine annähernd so viel bewirken kann. Messen Sie die Leistung Ihrer Mitarbeiter an Hand konkreter, aussagefähiger Standards. Fragen Sie sich bei jedem Mitarbeiter, was er für die gesamte Gruppe einspielt, wo er anderen mit brauchbarem Beispiel vorangeht und ob er mit Leidenschaft um das Beste bemüht ist oder aus anderen Motiven. Ergründen Sie die Motive. Suchen Sie nicht nach Ja-Sagern und Bequemen, sondern nach Mitdenkern, Querdenkern, Handelnden, Originalen, die für Ihr Ziel so etwas wie eine Lebensversicherung sind. Angepaßte Mitarbeiter sind vielfach Gefangene des Systems, der Sozialgemeinschaft oder falschverstandener Cheferwartungen. Es läuft mir immer wieder kalt über den Rücken, wenn ich miterlebe, daß eigenständig Denkende und Handelnde denen nachgeordnet oder untergeordnet werden, die über Speichelleckerei und Dienertum weiterzukommen versuchen. Was lernen Sie von einem Mitarbeiter, der Ihnen nach dem Mund spricht und Ihnen somit ein scheinbar bequemes Leben beschert? Ich denke, auf jeden Fall weniger als von einem, der klare Werte, konturenreiche Bilder und eine deutlich eigenständige Meinung anzubieten hat. Ich möchte in meiner Firma jedenfalls keine schlechten Duplikate von mir sehen, sondern Originale, die auf ihre Art stabile Stützen des Systems sind. Kompromißlos werde ich nur dann, wenn jemand glaubt, das zweitbeste sei gerade gut genug, um mich zufriedenzustellen. Ein funktionierendes Team erträgt viele Sonderlinge, solange sie sich gegenseitig bereichern und jeder für sich um das Optimum auf der Grundlage seiner ihm eigenen Fähigkeiten bemüht ist. Das Streben nach Gleichmacherei ist ein schlimmes Übel, die Flucht in den grauen Mittelbereich — um nicht aufzufallen — ein auf Dauer die Leistung zersetzendes Serum. Dagegen kann die Führung gar nicht genug bemüht sein, eine Kultur von Edelgewächsen anzulegen und sie zu pflegen, gleich einer Orchideenfarm, auf der manchmal schon allein durch einige wenige Prachtstücke der Gesamteindruck positiv wird.

Bei Menschen bieten sich weitaus interessantere Perspektiven an, denn hier wirkt Qualität einzelner als Multiplikator für mehr Qualität aller. Bei noch so starkem Bemühen um das Optimum kann es vorkommen, daß Mitbewerber (innerhalb und außerhalb der Firma) vorbeiziehen, weil sie in diesem oder jenem Punkt um eine halbe Nasenlänge voraus sind. Nehmen Sie solche Überholmanöver als sportlichen Ansporn hin. Verbreiten Sie überall in Ihrem

Verantwortungsbereich den Chorgeist von Optimierung. Beispiele, die sich durch besserliegende Konkurrenten anbieten, können Sie bei Ihren Bemühen unterstützen.

Es gibt drei wertvolle Adressen, von denen sich lernen läßt, was zu verbessern ist: *Konkurrenten, Kunden* und *Mitarbeiter.* Gehen Sie mit allen auf Tuchfühlung, indem Sie beobachten und zuhören. Qualität und Vorsprung vermitteln ein Gefühl von Stolz, Stolz macht erhaben und mitteilungsbedürftig. Darin steckt Ihre Chance, indem Sie nachfragen und aufnehmen, bei jedem, der glaubt, Gedanken, Erfahrungen und Ratschläge zu diesem Thema loswerden zu müssen. Menschen können leichter mit ihrem Frust alleine bleiben als mit ihren Triumphen. Die wollen sie am liebsten mit anderen feiern. Feiern Sie kräftig mit. Man wird es Ihnen auf doppelte Weise danken: durch die Weitergabe von immer wertvolleren Informationen und durch die Sympathie, die Sie obendrein dadurch gewinnen, daß Sie sich für den anderen interessieren.

Manche Manager glauben, jedes Problem selbst lösen zu müssen, und vergessen dabei, daß *eigene Erfindungen* nur einen Weg ausmachen, der zur Klugheit führt. Die beiden anderen, *Nutzen von Fremderfahrung* und *Nachahmung* sind nicht zu unterschätzen. Die zuvor genannten drei Adressen sind deswegen unersetzbar, weil *Konkurrenten* den Maßstab festlegen, *Kunden* das Anspruchsniveau bestimmen und *Mitarbeiter* diejenigen sind, die Ihnen helfen können, anzupacken und umzusetzen, was nötig erscheint.

Konkurrenten

Ob Sie dabei an Wettbewerber im Markt, also andere Firmen denken oder an diejenigen, die innerhalb der Firma im Leistungswettbewerb stehen (Schwestergesellschaften, andere Filialen, Bereiche, Abteilungen, Gruppen), die Strategie ist dieselbe: Versuchen Sie, sich soviel Feedback wie möglich darüber einzuholen, wie Sie vom anderen wahrgenommen werden (Ihre Firma, Ihre Abteilung . . .), was Ihr Konkurrent von Ihnen hält, wie er Ihre Aktionen, Ihre

Situation und dergleichen sieht. Das ist die eine Schiene der wertvollen Nutzung von Konkurrentenansichten. Die zweite bezieht sich auf solche Strategien, die die Konkurrenten selbst verwenden. Hier appellieren Sie einfach an sein „Vorzeige-" und „Überlegenheitsgefühl", das die meisten Menschen gerne und mit Stolz über ihre Errungenschaften reden läßt. Solche Informationen erhalten Sie nur in einem persönlichen Gespräch, in dem das Klima stimmt. Machen Sie eine Plauder- und Bewunderungsstunde daraus. Auf ein straffes Interview wird der Gesprächspartner dagegen mit Vorsicht reagieren. Nehmen Sie sich dazu Zeit und Muße. Was Sie heute nicht erfahren, wird Ihnen vielleicht übermorgen bekannt werden. Manches wird auch verborgen bleiben. Bei nachhaltiger Anwendung werden Sie jedoch staunen, wieviel Information auf diese bequeme Weise einzuholen ist. Ich bin manchmal über Seminarteilnehmer erstaunt, die bohrende Fragen an mich stellen, obwohl ich dieselben Teilnehmer als herausragende Fachleute einschätze. Dieses Verhalten, verglichen mit dem gegensätzlichen Auftritt der Schweiger, bestätigt mir immer wieder, daß es offenbar einen Zusammenhang zwischen neugierigen Fragen und Erfolg gibt.

Schon oft ging mir nach Abschluß eines Seminars zum wiederholten Male diese Paradoxie durch den Kopf: Wer viel weiß, stellt viele Fragen, wer wenig weiß, gar keine. Dabei müßte es gerade umgekehrt sein. Bisher habe ich nicht beobachten können, daß den Fragenden die Antworten vorenthalten worden wären. Auch ich gehöre zu den Menschen, die spontan auf Fragen antworten. Außerdem können Sie sich an Kunden wenden, um sich über Ihre Konkurrenten schlau zu machen. Fragen Sie einfach, was die anderen besser machen. Ein allgemein brachliegendes Informationsfeld wird viel zu wenig und wenn, dann meistens unbewußt genutzt: Es handelt sich um Aussagen, die Kunden aus Eigeninitiative abgeben, ohne gefragt worden zu sein. Kunden, die so ihre Meinung abgeben, sollten Sie in ihrem Verhalten bestärken, weil ungeforderte Meinungen meistens einen höheren Wahrheitsanteil besitzen als Antworten, die auf gezielte Fragen folgen. Die kostbarsten

Minuten werden oftmals damit vertan, gegen die teils „unangenehmen" Mitteilungen Rechtfertigungs- oder Umgestaltungsargumente vorzubereiten, um dem Kunden einzureden, daß er hier mit seiner Ansicht über die Konkurrenz falsch liegt. Richtig betrachtet ist jede „unangenehme" Äußerung eine angenehme, weil sie wertvolle Anregungen enthält oder manchmal der Tip an sich ist.

Kunden

Kunden nehmen Ihre Konkurrenz und Ihren Betrieb wahr. Wenn Ihnen die Sache mit der ständigen Optimierung wirklich ernst ist, dann sollte auf Ihrem Jahresplaner ein dickes Zeitkontingent für Kundengespräche reserviert sein. Natürlich geben solche Gespräche immer etwas her, wenn Sie als Anbieter der Informant sind; wertvoller ist es für Ihr Bemühen um ständige Verbesserungen, dem Kunden engagiert zuzuhören, was er zu sagen hat. Kunden reagieren auf Ihre Produkte oder Dienstleistungen, sie machen Erfahrungen mit dem Service Ihres Hauses, erleben Mitarbeiter am Telefon und im persönlichen Kontakt, lesen die Briefe Ihrer Firma und bekommen damit eine gewaltige Portion von dem Stallgeruch mit, der für Ihr Unternehmen charakteristisch ist.

Eine Firma ist immer nur so gut, wie die Kunden sie erleben, ein Produkt das, was die Kunden darin sehen. Holen Sie sich Ihre Kunden ins Haus, um mit ihnen gemeinsam die Entwicklungen der nächsten Jahre zu diskutieren, oder gehen Sie gezielt auf die Kunden zu. Niemand ist kompetenter in dem, was er kaufen will, als der Kunde. Warum sich also die Köpfe ohne diese Kompetenz heißdenken?

Machen Sie den Kunden zur Marketingabteilung, wenn Sie dort etwas anderes machen wollen, als eine Lagerhalle von wertvollen Theoriekonzepten zu unterhalten. Kunden sind zum Anfassen da. Die besten Kunden sind die, die am Unternehmen beteiligt sind, wenn schon nicht finanziell, dann geistig. Fragen Sie den Kunden, was er an Ihrem Produkt vermißt, was ihm an Ihrer Dienstleistung fehlt, was er an Ihrer Stelle anders machen würde, wie er die Zukunft einschätzt.

Fragen Sie solange nach, bis Sie ihn verstanden haben. Es sind nicht die Kunden schuld, wenn diese kostenlose Unternehmensberatung ausbleibt, sondern die Führungskräfte, die sich über Kritik ärgern, anstatt Kritik zu feiern. Häufig wird schon die Eingangsfrage falsch gestellt, indem sie auf eine möglichst schmeichelnde Antwort abzielt. Wenn Kunden Ihnen sagen, was Sie richtig machen, haben Sie nichts davon, denn Sie machen es ja bereits richtig. Was wollen Sie daran verbessern?

Manche Firmen verschicken Fragebögen an Ihre Kunden, Hotels legen so etwas ihren Gästen vor. Aber die meisten dieser Erhebungsformulare sind völlig falsch aufgebaut. Mit ihnen wird versucht, Streicheleinheiten einzukaufen. Es ist Papierverschwendung und Zeitraub obendrein, nach dem zu fragen, was gefallen hat. Gingen solche Fragesteller davon aus, daß Unerwähntes mehr oder minder in Ordnung ist, käme automatisch mehr Effektivität in die Aktion der Meinungsabfrage. Manche Fragestellungen fordern mich geradezu zur Lüge heraus, weil ich fürchte, bei ehrlicher Antwort dem anderen zu nahe zu treten. Ich will als Befrager motiviert werden, die kritischen Punkte offen preiszugeben, dann helfe ich gerne mit meiner ungeschminkten Wahrnehmung.

Den Erfolg von gestern zu feiern heißt, den Anschluß an den Erfolg von morgen zu verpassen. Das haben Stars auf dem Gebiet der Qualität wie zum Beispiel Daimler-Benz schmerzlich erfahren müssen. Einen gewissen Qualitätsanspruch erreicht zu haben, kann allenfalls bedeuten, ihn mit aller Leidenschaft und voller Aufmerksamkeit zu pflegen. Ganz gleich, was für Sie Qualität bedeutet, solide Fertigung, perfekte Endabnahme, brillante Kundenpflege, spritzige Werbung, Imagepolitur, investieren Sie Ihre gesamte Unruhe in das Bemühen, es noch ein Quentchen besser, noch eine Nuance perfekter zu machen. Lassen Sie bei dem Aufspüren von schlechter Qualität keinen Winkel Ihrer Firma oder Abteilung aus. Das Optimum ist erst dann erreicht, wenn sich nichts, aber auch rein gar nichts finden läßt, was verbessert oder verfeinert werden könnte. Dieses Optimum werden Sie niemals erreichen, aber es lohnt sich, es anzustreben.

Wenn Sie Ihre Kunden zu sich einladen oder sie ohnehin ins Haus kommen, fragen Sie nach allem, was negativ auffällt. Geben Sie jedem Kunden das Gefühl, daß seine kritische Stimme willkommen ist. Gewöhnen Sie sich jede Form von Rechtfertigung und Verteidigung ab. Was der Kunde wünscht, können Sie nur gemeinsam mit ihm wünschen, sonst riskieren Sie, den Kontakt zu verlieren. Notkäufe tätigen Kunden nur in Notzeiten, und die können verflixt schnell vorbei sein. Wie schnell, das haben Japaner in der Vergangenheit bewiesen, durch Hinsehen, Analysieren, Planen und Machen.

Anstatt in aufwendiges Marketing zu investieren, sollten Sie den Kunden zum Fachmann für den Markt erklären. Nur er kann wissen, was er will. Manche Firmen verhalten sich so, als sei der Kunde ein notwendiges Übel, das sogar dann noch lästig ist, wenn der Zahlungseingang verbucht werden muß. Andere Firmen entmündigen ihre Kunden, indem sie für sie mitdenken. Ganze Heerscharen von Marketingexperten machen sich ans Werk, um für den Kunden Gutes zu tun. Dabei wird aber häufig übersehen, daß der Kunde andere Vorstellungen hat als die, die er laut Marketingfahrplan haben müßte. Manager sind in der Regel zu begeistern für Analysen, Gutachten und seitenstarke Strategiepapiere. Sie unterscheiden sich damit um Meilenlängen von den Führungskräften, die ich im Auge habe. Das sind Führer, die ihren Blick und ihr Ohr dorthin richten, wo sie mit einer Resonanz rechnen können: zu Kunden und Mitarbeitern.

Mitarbeiter

Es soll Betriebe geben, in denen Maschinen und Einrichtungen einen höheren Aufmerksamkeitsgrad erreichen als Menschen. Und es gibt auch die Sorte von Firmen, die regelrechte Angst vor der gescheiten Meinung der Leute haben und eine Menge Kraft aufwenden, um sich kluge Tips aus eigenen Reihen vom Leib zu halten. Schließlich glauben manche Manager, daß sie die einzigen Genies seien, die der Betrieb vorzuzeigen hätte. Es gibt weitere Irrtümer, die teuer sind, zum Beispiel den, anzunehmen, daß brave, ausführende Mitarbeiter keine eigene Ansicht von den Vorgängen hätten, oder den, zu unterstellen, daß das „BVW" (Betriebliches Vorschlagswesen) als Patentrezept für die Einholung von Belegschaftsanregungen anzusehen sei. Das bestorganisierte BVW bringt weniger Nutzen als leidenschaftliche Mitarbeiterorientierung auf der ganzen Linie. Dazu gehören so erfolgsfördernde Maßnahmen wie:

- Qualität herbeireden

Das heißt, die Mitarbeiter durch ständiges positives Konditionieren darauf bringen, daß Qualität das einzige ist, was die Zukunft sichern hilft, die persönliche und die der Firma, dabei kompromißlos sein, aber jeden Schritt nach vorn deutlich machen, so daß er den Fortschritt regelrecht spüren kann.

- Patenschaften gründen

Mitarbeiter zusammenbringen, die unterschiedlich talentiert oder qualifiziert sind, so daß der bessere die Patenschaft übernimmt; dasselbe Verfahren wirkt zwischen Gruppen oder Abteilungen, wenn ergänzende Erfahrungswerte oder Qualifikationsmerkmale die bereichern, die „noch nicht" so weit sind.

- Ergebnisse belohnen

Genaue Standards festlegen und ihre Erreichung materiell und immateriell honorieren, Abläufe von den Mitarbeitern weitestgehend eigenständig gestalten lassen, aber im Endergebnis keinen Millimeter Abweichung vom (realistischen) Soll zulassen.

- Ganzheitlich einbinden

Mitarbeitern lupenrein, verständlich (in ihrer Sprache) die Bedeutung ihrer Position oder Aufgabe für das Gesamtwerk nahebringen nach dem Motto: „Auch das kleinste Loch läßt das Faß mit der Zeit leerlaufen" oder „eine Dichtung muß an allen Stellen aufliegen, sonst dichtet sie nicht, wie sie dichten könnte". Den Makro-Mikro-Umkehrschluß verwenden: Erklären Sie Betriebsabläufe nicht vom Ganzen hin zum Mitarbeiter, sondern vom Mitarbeiter zum Ganzen, indem Sie ihm seine zentrale oder auslösende Wirkung beschreiben.

- Lautes Denken

Erklären Sie lautes Denken zum Gesetz. Es mangelt den Menschen in der Regel nicht an Meinungen, sondern am Mut, diese zu äußern. Belohnen Sie geäußerte Meinungen, ganz gleich, was sie im Moment wert sind. Schaffen Sie sich die Ja-Sager und Zustimmungspapageien vom Hals, reagieren Sie positiv auf jede abweichende Äußerung, auch wenn sie unangebracht erscheint.

- Kritische Selbstauslöser schaffen

Es ist leichter, um Vergebung als um Erlaubnis zu bitten. Oder: Schlafende Hunde zur Jagd zu tragen ist mühsamer, als reißende mit der Leine zurückzuhalten. Schaffen Sie ein Klima von Sturm- und Drangtaten. Jeder soll in seinem Verantwortungsrahmen das tun, was er für nützlich, brauchbar und wichtig hält, er soll nicht auf den Startschuß warten, sondern auf den Rückpfiff reagieren. Schaffen Sie um sich herum eine Mannschaft von „Unternehmern", die von Zielen geradezu besessen sind. Befördern Sie in Ihrem Unternehmen ausnahmslos „Selbstauslöser", die sich verhalten, als wären sie allein für das Unternehmen verantwortlich.

- Nachbarblicke erlauben

Lehren Sie die Mitarbeiter, über den Zaun zu sehen und sich für Nachbargärten zu interessieren. Oftmals haben Außenstehende die besseren Ideen, eben weil sie die Sache von außen betrachten.

- Zettelwirtschaft zulassen

Leiten Sie die Mitarbeiter an, intern nicht der Form, sondern dem Inhalt den Vorzug zu geben. Hervorragende Ideen auf einem

Schmierzettel sind mehr wert als Konservegedanken auf Büttenpapier.

- Offene Tür

Halten Sie sich immer für Mitarbeiter bereit. Als Führender haben Sie keine ertragreichere Aufgabe, als sich um die Mitarbeiter zu kümmern. Allerdings können Sie selektieren, indem Sie für neue Gedanken, kritische Meinungen und Optimierungsvorschläge jederzeit, für alles übrige wie gewohnt ansprechbar sind.

- Treppenfreie Informationskanäle

Hören Sie jedem Mitarbeiter zu, egal ob er Ihnen direkt unterstellt oder einige Stufen weiter unten angesiedelt ist, besonders, wenn er Anregungen weiterzugeben hat. Nehmen Sie auf, ohne zu bewerten. Anweisungen nur an direkt Unterstellte, Informationen von jedem!

Alle Empfehlungen sehe ich in direktem Zusammenhang mit der Verbreitung von Qualität-vor-Quantität-Programmen in allen Nischen und auf allen Ebenen der Organisation. Wir, das heißt, meine Trainerkollegen und ich, sind immer wieder aufs neue erstaunt darüber, daß die Meinung vorherrscht und gelebt wird, Aktionismus sei das beste Verhalten, das nach vorne bringt.

In einem bestimmten Typ unserer Seminare, die wir firmenextern ausschreiben (Führen durch Persönlichkeit), lassen wir die Teilnehmer eine imaginäre Firma mit dem Namen „FüduPe" (die Abkürzung des Seminartitels) gründen. Führung wird nicht beschrieben, nicht diskutiert und auch nicht aufgrund von Alltagserlebnissen transparent gemacht, sondern in der konkreten Situation des Hier und Jetzt erlebt.

Die „FüduPe" hat einen „Gesellschaftsvertrag" (wie die Teilnehmer miteinander umgehen wollen), einen „Gesellschaftsauftrag" (erfahrungsorientiertes Lernen), einen „Vorstand" (rollierend von den Teilnehmern selbst gewählt), gegebenenfalls „Fachbereichsleiter" und einen „Aufsichtsrat" (wir, die Trainer), der im Bedarfsfall auch als „Unternehmensberatung" von den „Mitgliedern" der „FüduPe" in Anspruch genommen werden kann. Das Modell funktioniert so, daß wir als Trainer am ersten Tag intensiv anleiten und strukturieren, uns im Laufe des Prozesses mehr und mehr zurücknehmen, um zum Seminarende hin die Aufgaben eines „Aufsichtsrates" auszufüllen: kontrollieren und reflektieren.

Mit diesem besonderen Seminar haben wir eine mehrjährige Erfahrung. Das Modell ermöglicht uns Trainern, den Teilnehmern ihr (Führungs-)Verhalten zu verdeutlichen, alternative Strategien anzubieten und dergleichen mehr, um damit ein Führungstraining mit weit über das Seminar hinaus anhaltenden Erfolg zu ermöglichen. Nur wenn jemand lernt, die von ihm verwendeten Strategien quasi von außen zu betrachten — dadurch, daß sie gespiegelt werden —, kann er gemäß seiner Zielsetzung nachhaltige Veränderungen an seinem Verhalten vornehmen.

In diesem Seminartyp tritt unter vielen eine Verhaltensweise von Teilnehmern besonders hervor, die ebenso anstrengend — für den einzelnen und die Mitbeteiligten — wie sinnlos ist, weil sie kein tatsächliches Weiterkommen ermöglicht: Es handelt sich um die Tendenz zum *unkontrollierten Aktionismus.* Wir können aufgrund unserer Beobachtung sogar sagen, daß die Neigung dazu mit der Bedeutung der Position und dem Verantwortungsgrad, der mit der Aufgabe verbunden ist, zunimmt. Unter diesem *unkontrollierten Aktionismus* ist zu verstehen, daß derjenige, der davon befallen ist, losrennt, ohne nachzudenken, eine Aufgabe anpackt, ohne daß sie gestellt worden ist, Maßnahmen einleitet, ohne ihre Notwendigkeit zu prüfen, Dinge tut, ohne den Sinn und Zweck zu hinterfragen, in Aktion tritt, ohne dafür ein Design zu entwerfen. Wir haben uns oft während eines solchen Seminars nach den Ursachen für dieses nutzlose Verhalten gefragt. Die wirklichen Hintergründe haben wir bisher nicht aufdecken können, obwohl es an Interpretationen, Vermutungen und Phantasien kaum mangelt. Hinzu kommt die Seminarsituation, in der solches Verhalten — eigentlich jedes Verhalten — deutlicher als im Alltag hervortritt, weil wir uns die Zeit nehmen, abgelaufene Prozesse eingehend zu analysieren, was in Firmen viel zu selten der Fall ist.

Als Berater, der Einblick in das Alltagsgeschehen namhafter Großkonzerne wie auch Betriebe des Mittelstandes hat, fällt mir auf, daß es Managern offenbar an der Fähigkeit zur souveränen Gelassenheit mangelt. Anstatt mittelfristig — oder sogar langfristig — zu denken, wird Ad-hoc-Entscheidungen der Vorzug gegeben. Das im Seminar auffällige Verhalten ist in Unternehmen in vielen Variationen vorzufinden: Da wird zum Beispiel ein Manager entlassen, obwohl er die Misere nicht zu vertreten hat, die man ihm anhängt; ein Mitarbeiter wird gerügt, bevor er die zur Rüge Anlaß gebende Situation aus seiner Wahrnehmung schildern kann; es werden sinnlose Aufträge erteilt, unüberlegte Anordnungen erlassen, Unsummen in Maßnahmen investiert, von denen kein Mensch den Nutzen erklären kann.

Aktionismus scheint etwas ungemein Beruhigendes an sich zu haben, anders läßt sich die Vorliebe für dieses Verhalten kaum erklären. Ohne Partei ergreifen zu wollen für die eine oder andere Entscheidung, will ich als Beispiel ein seit längerem öffentlich diskutiertes Thema anführen: das Tempolimit.

Namhafte Politiker, Bürger jeder Gruppierung und „Fachleute" fordern eine Geschwindigkeitsbegrenzung auf Autobahnen. Soweit ist dem Bestreben nichts Ehrenrühriges anzulasten, wären da nicht die fadenscheinigen, hysterischen und emotional geladenen Argumente, die sachlich betrachtet einfach nicht haltbar sind. Wer sagt, daß die Zahl der Verkehrstoten mit allem Nachdruck, jeder Nebenwirkung und Inkaufnahme unbekannter Nachteile um 3,69 Prozent gesenkt werden muß, erreicht bei mir, daß ich zuhöre, um die Argumente abzuwägen. Das ist nämlich genau der Anteil der Verkehrstoten (303 von insgesamt 8 205 im Jahre 1988), die durch überhöhte Geschwindigkeit auf Autobahnstrecken ohne Tempolimit zu beklagen sind.

Das Statistische Bundesamt in Wiesbaden kann aber noch weiter differenzieren: 8 205 Verkehrstote insgesamt, davon 714 auf Autobahnen (8,7 Prozent), 389 durch erhöhte Geschwindigkeit (4,74 Prozent) und 303 auf Strecken ohne Tempolimit.

Jeder Verkehrstote ist ein Opfer zuviel! Bevor aber hitzig über Tempolimits diskutiert wird, müßte zunächst mit Hilfe der Wahrscheinlichkeitsrechnung festgestellt werden, wie viele Menschen bei Einführung eines Limits durch andere Faktoren, zum Beispiel Müdigkeit infolge von Monotonie, Gleichgültigkeit durch subjektiv einheitlich-langsames Tempo und dergleichen tödlich verunglücken.

Schließlich ließen sich mit den als Beispiel aufgeführten Zahlen Prognosen errechnen. 96,31 Prozent der Verkehrstoten auf unseren Straßen sind nicht auf überhöhte Geschwindigkeit als Folge freier Fahrt auf Autobahnen zurückzuführen. Und für jeden leicht zu errechnen, sterben 1,05 Prozent der Verkehrstoten durch zu hohe Geschwindigkeit auf Strecken mit Tempolimit.

Das Thema dieses Buches ist nicht, den Millionen Beteiligten an dem Aktionismus für oder wider Tempolimit Empfehlungen zu geben, wohl aber anhand eines die breite Öffentlichkeit angehenden Beispiels Grundmuster menschlichen Verhaltens zu verdeutlichen, die Energie kosten, ohne vernünftige Ergebnisse zu bringen.

Das Gegenteil von Aktionismus, Passivität, wäre ebenso falsch. In Betrieben kann mit weniger Aufwand allerdings erheblich mehr erreicht werden, wenn, bevor die Handlungshysterie ausbricht, Daten und Fakten gesammelt, geprüft und gewichtet werden. Solche Daten zu ermitteln ist dann allerdings ein Problem, wenn manche Interessengruppen lieber ihre persönlichen Ansichten als konstruktive Problemlösungen loswerden wollen. Häufig schaukeln Emotionen dadurch hoch, daß Menschen ihr Unvermögen zu konstruktiven Problemlösungen zwar vor sich selbst erkennen, es anderen gegenüber aber gerne verbergen möchten. Wenn ein bestimmter Politiker durch dialektische Sprüche anstatt durch faktisch begründete Argumente auf sich aufmerksam macht, dann besteht immer der Verdacht der Inkompetenz, die durch *Umgestaltungsmanöver* zugedeckt werden sollen. Ein Mitarbeiter mit ähnlicher Struktur eignet sich wenig als Ratgeber für Veränderungsprozesse. Hier hat der Vorgesetzte abzuwägen, ob der Mitarbeiter das vorgebrachte Thema meint oder die Gelegenheit dazu benutzt, eigene Anliegen hinter dem Vorhang des Sachthemas zu bearbeiten.

Ich halte viel von Spontaneität, Flexibilität und kreativen Strategien. Der von mir angesprochene Aktionismus hat damit wenig zu tun. Optimieren kommt einer Rallye gleich. Dort gibt es Teilnehmer, die in Planung und Denken versumpfen, während die anderen am Ziel sind, und solche, die sich in Bewegung setzen, ohne die Anforderungen und Bedingungen zu kennen. Auf Betriebe übertragen lassen sich Einheiten beobachten, die in Strategiepapieren ersticken, ohne daß etwas Reales, Greifbares passiert, und die gegensätzlichen, die von unkontrolliertem Aktionismus befallen sind und sich daran erfreuen, daß vorne der Motor aufheult, ohne zu bemerken, daß hinten die Räder durchdrehen.

Da eine Gruppe in der Regel aus Machern und Mitmachern zusammengesetzt ist, besteht eine der Führungsaufgaben darin, die Macher zu lassen und die Mitmacher mit ihrer relativ nutzlosen Rolle zu konfrontieren, auf daß auch sie Macher werden. Qualität ist durch verschiedene Maßnahmen zu erreichen und zu sichern. Eine wirkungsvolle und preiswerte Maßnahme ist diese 5-Schritt-Methode.

— Qualitätsstandards festlegen und begreifbar vermitteln,
— Mitarbeiter zu Qualitätsfachleuten erklären; ihnen zutrauen, daß sie das Richtige unternehmen werden,
— jede Abweichung hinterfragen,
— jede Anregung zur Qualitätssteigerung aufgreifen und umsetzen,
— Qualität zum wichtigsten Maßstab erklären und daran festhalten, auch wenn die quantitative Flutwelle mit dem „schnellen Geschäft" lockt.

Optimieren läßt sich nahezu alles, wenn man sich ernsthaft darum bemüht. Als mahnendes Beispiel und gleichzeitig hilfreiche Orientierung dienen die Firmen einer Branche, die seit Jahren ihre feste Position als Schlußlicht eingenommen haben, und die, die vom ersten Platz kaum wegzudenken sind. Der oberste Manager einer solchen Firma mit Top-Position hat mir im Zusammenhang mit der Entstehung dieses Buches lächelnd erklärt: „Wir machen nicht viel anders als unsere Mitbewerber, nur dies vielleicht: Wir sehen die Dinge einfacher." Ein anderer aus derselben Firma meinte: „Uns fehlt die Begabung zum komplizierten Denken, deshalb brauchen wir uns damit nicht aufzuhalten." Und ein dritter Gesprächspartner argumentierte: „Wir haben wenig Platz in unserer Registratur, deshalb müssen wir die schriftlich festgehaltenen Ideen unserer Mitarbeiter sofort umsetzen oder in den Papierkorb werfen."

6. Mitarbeitergespräche

Was heißt Führen? Zum Beispiel auch, auf Verhaltensweisen Einfluß zu nehmen. Wäre dieser substantielle Kern von Führung gegenstandslos, würde Führung ihre Berechtigung als Erfolgsfaktor in Organisationen verlieren. Und da Ergebnisse nun einmal das erklärte Ziel, das Hauptziel im eigentlichen Sinn, sind, erweist sich alles als überflüssig, was sich zur Erreichung dieses Zieles nicht rechnet. Mit Führung läßt sich an dieser Schnittstelle etwas betriebswirtschaftlich Verantwortbares bewirken. Führung als Koordination, Begleitung und Reflexion verstanden, wäre zu wenig. Wenn Menschen so bleiben, wie sie ohnehin sind, dann ist alle Anstrengung, die Führung im Betrieb zu verbessern, wirkungslos und damit ohne Defizit zu entbehren. Nur beweisen wissenschaftlich angelegte Studien ebenso wie Praxiserfahrungen, daß der Führende sehr wohl Einfluß auf das Verhalten seiner Mitarbeiter nehmen kann, wenn er sich ernsthaft darum bemüht. Zum einen bedarf es dazu des Verständnisses von *Verhalten* im grundsätzlichen, zum zweiten der Mittel, mit denen Führer Verhaltenskorrekturen bewirken können.

Verhalten als Ausgangspunkt für Modifikationen möchte ich zum besseren Verständnis in 4 Gruppen untergliedern:

1. Angeborene, neurobiologische Verhaltensprogramme, die normal (zum Beispiel Atmen, Essen, Bewegen) oder pathologisch (zum Beispiel psychopathisch-abnormes Verhalten) sein können.
2. Durch Vorbilder, Leitfiguren, Ideale . . . übernommenes Verhalten (zum Beispiel Strebsamkeit oder Nachlässigkeit).
3. Erlerntes Verhalten auf der Grundlage von Erfahrung (zum Beispiel Geschicklichkeit, besondere Fertigkeiten in den Erfahrungen entsprechenden Situationen).
4. Gelerntes Verhalten auf der Grundlage von Instruktionen (zum Beispiel aufrechtes Gehen, Sprechen, Rechnen, strategisches

Vorgehen, Einsetzen bestimmter Methoden und dergleichen mehr).

Wenn hier von Mitarbeitergesprächen im Zusammenhang mit Führung die Rede ist, dann meine ich in erster Linie die Gespräche, die die Person des Mitarbeiters betreffen. Alles, was zwischen Chefs und Mitarbeitern in Firmen besprochen wird, möchte ich in zwei Bereiche aufteilen:

— Bereich der Sachangelegenheiten,
— Bereich der personalen Angelegenheiten.

Daraus ergeben sich ganz unterschiedliche Gesprächsmuster, die ich in meinem Buch „Alternatives Führen — Mitarbeiter qualifizieren" (1984) aufgeteilt habe in personale und non-personale Gespräche (Abbildung 11).

Non-personale Gespräche	Personale Gespräche
● Zielgespräch	● Bedürfnisgespräch
● Aufgabengespräch	● Klärungsgespräch
● Innovationsgespräch	● Fördergespräch
● Entwicklungsgespräch	● Konfliktgespräch
● Ergebnisgespräch	● Konsequenzgespräch
● Allgemeines Arbeitsgespräch	

Abbildung 11: Non-personale und personale Gespräche

Auch heute vertrete ich engagiert die Auffassung, daß die strikte Trennung in Sachangelegenheiten und personale Angelegenheiten dem Mitarbeiter und dem Vorgesetzten eindeutige Vorteile bringt. Von Führungskräften wird immer wieder beklagt, daß sich Mitarbeiter so gut wie nicht in ihrem Verhalten ändern lassen. Zustimmen kann ich allein für den Bereich des angeborenen Verhaltens (Ziffer 1). Neurobiologische Verhaltensprogramme lassen sich kaum umgestalten, am wenigsten durch Gespräche zwischen Führungskräften und Mitarbeitern. Dagegen lassen sich die unter Ziffer 4 dargestellten, von Instruktionen ausgehenden Verhaltensweisen am leichtesten verändern.

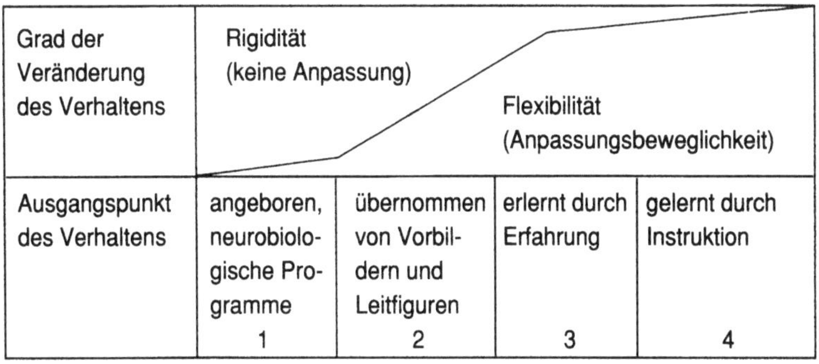

Grad der Veränderung des Verhaltens	Rigidität (keine Anpassung)		Flexibilität (Anpassungsbeweglichkeit)	
Ausgangspunkt des Verhaltens	angeboren, neurobiologische Programme	übernommen von Vorbildern und Leitfiguren	erlernt durch Erfahrung	gelernt durch Instruktion
	1	2	3	4

Abbildung 12: Verhaltenskorrekturen durch Vorgesetztenintervention

Daß Vorgesetzte die Rigidität ihrer Mitarbeiter beklagen, hat vielfach damit zu tun, daß auf explizite verhaltensändernde Gespräche verzichtet wird. Statt dessen werden Zusammenkünfte mit dem Mitarbeiter dazu benutzt, alles loszuwerden, was auf der offenen Liste steht, „weil der Mitarbeiter nun gerade einmal da ist" (so lautet die Begründung für das uneffektive Vorgehen).

In zahlreichen Seminaren zwischen 1984 und heute habe ich die Erfahrung gemacht, daß es Führungskräften relativ leicht fällt, sachbezogene Gespräche durchzuführen. Das ist ihr tägliches Geschäft, auch wenn dabei hin und wieder Ziele und Aufgaben verwechselt werden oder in Entwicklungsgesprächen die Sache von der Person zu wenig getrennt wird.

Wenn klar nach den Bereichen Sachangelegenheiten zu personalen Angelegenheiten unterschieden wird, dann weiß auch der Mitarbeiter, woran er ist. Er kann, wenn er zu einem Sachgespräch eingeladen wird, seine Rechtfertigungsstrategien und Selbstschutzausreden auf Urlaub schicken, weil er als Berater zu seinem Chef geht, der gemeinsam mit ihm darüber nachdenken will, welche Maßnahmen einzuleiten, welche Aktionen zu kalkulieren oder welche Vorgänge zu überlegen sind. Er steht nicht als Person im Mittelpunkt der Betrachtung. Statt dessen sind Sachverhalte gefragt. Das vermittelt ein Gefühl von Sicherheit, von Schutzraum, aus dem heraus andere Worte möglich sind als in der Rolle des Betroffenen. Jeder, der vor Gericht — und sei es auch nur durch einen kleinen Verkehrsverstoß — den Unterschied zwischen der Position des Zeugen und der des Angeklagten oder — in Zivilverfahren — Beklagten kennt, weiß, wovon ich rede. So etwas läßt sich von der Zuschauerbank aus ganz gut beobachten. Zeugen reden ganz anders, freier, flüssiger, unbefangener daher als die Betroffenen, die verlieren oder gewinnen können.

Das Modell der strikten Trennung von Sache und Person wenden Vorgesetzte mit Erfolg an, wenn sie es Schritt für Schritt gelernt haben. Anfänglich erscheint die Trennung mühsam, zum Teil sogar uneinsichtig. Dann aber, wenn der Aha-Effekt eingetreten ist, höre ich ausnahmlos die Vorteile, die sich in der täglichen Arbeit ergeben: Zeitersparnis durch kürzere Gespräche, Streßminimierung durch klare Strukturen auf beiden Seiten (Vorgesetzter und Mitarbeiter), bessere Ergebnisse der Gespräche, zufriedene Führungskräfte mit nachhaltigen Verhaltensänderungen ihrer Mitarbeiter dort, wo es notwendig erscheint.

Gegenüber meiner inzwischen vergriffenen Veröffentlichung von 1984 („Alternatives Führen") will ich die Sachgespräche in kürzester Form erklären, weil die meisten Führer auf dieser Klaviatur gut spielen können und den personalen Gesprächen mehr Raum geben, weil hier der Lernbedarf groß zu sein scheint. Wer das erwähnte Buch kennt, kommt beim Lesen der folgenden Darstellungen wohl dennoch auf seine Kosten, weil ich die hundertfachen Anregungen meiner Seminarteilnehmer habe einfließen lassen.

Dankbar bin ich für die zahlreichen Tips, Wünsche, Feedbacks und Fragen verschiedener Bankvorstände, Industrie- und Handelsfirmenchefs, Führungskräfte des Middle-Managements, die in sogenannte „externe Seminare" die sich aus Teilnehmern mehrerer Firmen bilden, gekommen sind, und ebenso den Teilnehmern in „internen" Veranstaltungen. Das Buch „Alternatives Führen" wurde in vielen Firmen als Begleitbuch für die Teilnehmer von Führungskräfteentwicklungsmaßnahmen, Führungskollegreihen und Unternehmernachfolgeseminaren verwendet, so daß ich mich außerdem auf die zahlreichen Anregungen meiner Trainerkollegen stützen kann, die im Bildungswesen der Konzerne tätig sind und mit denen ich im Trainertandem — ein Interner, ein Externer — so manches Projekt mit Herzblut, Anstrengung und Freude bestritten habe. Mein Prinzip als externer Trainer heißt, sich in Veröffentlichungen, wie zum Beispiel dieser, nicht mit Namen zu brüsten. Wer wissen will, für wen ich arbeitet, und bisher gearbeitet habe, erfährt dies ohnehin, wenn er die Referenzliste anfordert. — Ein Prinzip ist aber nur eines, wenn es auch gebrochen werden kann. Und so möchte ich mich als Ausnahme bei Brigitte Bauer vom Bildungswesen der MTU in München und den Teilnehmern der Führungskollegreihe bedanken, die Brigitte Bauer und ich 1988/89 begleitet haben. Die Teilnehmer sind ernannte Gruppenleiter und Hauptgruppenleiter und haben im Rahmen eines praxisvernetzten Lernprojektes zum 2. Baustein der Reihe (1. Baustein: „Ich, als Vorgesetzter", 2. Baustein: „Du, der Mitarbeiter", 3. Baustein: „Wir, das Team") eine umfassende Arbeit zu den von mir 1984 veröffentlichten Gesprächsmustern angefertigt, die Grundlage einer gemeinsamen Veranstaltung mit Vorgesetzten war. Die Arbeit der Gruppe hat mir so sehr gefallen, daß ich mich entschlossen habe, einige Ausschnitte unter der Kennzeichnung „FKR/MTU", teils geringfügig überarbeitet, teils im Original zu übernehmen.

Sachbezogene Gespräche
— Zielgespräch (Ziele werden formuliert, der grobe Rahmen wird abgesteckt)
— Aufgabengespräch (Aufgaben werden definiert und detailliert)
— Innovationsgespräch („Brainstorming")
— Entwicklungsgespräch (wie weit ist eine Aufgabe gediehen?)
— Ergebnisgespräch (Ergebniskontrolle, Bewertung)
— Allgemeines Arbeitsgespräch („Tagesgeschäft")

FKR/MTU 1

Personenbezogene Gespräche
— Bedürfnisgespräch (erkennen und feststellen, wo der Schuh drückt)
— Klärungsgespräch (Meinungsverschiedenheiten und Mißverständnisse abbauen)
— Fördergespräch (dem Mitarbeiter Hilfestellung geben, damit er in seine Rolle hineinwachsen kann)
— Konfliktgespräch (Konflikt wird beleuchtet, mögliche Konsequenzen werden aufgezeigt)
— Konsequenzgespräch (Konsequenzen werden ausgesprochen)

FKR/MTU 2

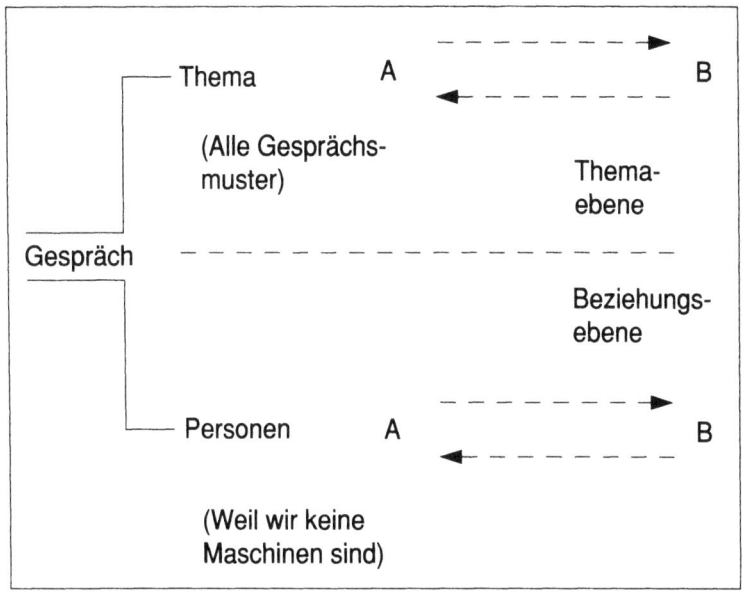

FKR/MTU 3: Es agieren die Personen A und B. Sowohl auf der Thema- als auch auf der Beziehungsebene findet ein beidseitiger Austausch statt (horizontaler Austausch).

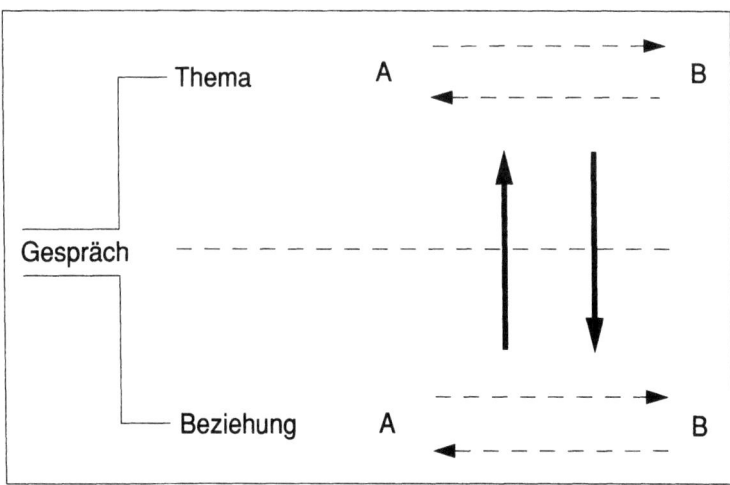

FKR/MTU 4: Wechselwirkungen und Abhängigkeiten zwischen zwei Ebenen. Zwischen den Ebenen findet ein vertikaler Austausch statt.

Gründe und Ursachen für die Kopplung von Beziehungs- und Thema-Schicht

— Eine Sachaussage kann nicht von der Person getrennt werden, die diese Aussage macht.
— Ein Gespräch findet im Regelfall nicht in einer „Nullpunktsituation", sondern auf dem Hintergrund einer mehr oder minder weit zurückreichenden Beziehungs- und Verhältnisgeschichte statt.
— Neben dem Verstand wird der Mensch auch durch Emotionen gesteuert.
— Vorurteil, „Schubladen-Denken": Wir entwerfen uns ein Bild vom anderen, ordnen ihn nach bestimmten Kategorien ein und kommunizieren mit ihm dann immer mit dem Blick auf das vorgefertigte Bild.

FKR/MTU 5

Erkenntnis

— Wechselwirkungen (WW) zwischen Beziehung und Thema sind *immer* vorhanden.
— Die emotionale Empfindung läßt sich nicht abschalten.
— Bei den personenbezogenen Gesprächen sind die WW stärker und vielschichtiger als bei sachbezogenen Gesprächen.
— Positive Beziehungen führen zu besseren Gesprächsergebnissen (die WW erweisen sich in diesem Fall als produktiv).
— Bei den sachbezogenen Gesprächen finden die WW häufiger zum Thema hin statt.
— Für personale Gespräche ist die Interaktion Thema/Beziehung unabdingbare Voraussetzung.
— Es ist zu unterscheiden zwischen den unmittelbaren WW während eines Gesprächs und den „Langzeitwirkungen/Spätfolgen".

FKR/MTU 6: Konsequenz: Sich stets bewußt zu sein, daß Thema und Beziehung sich wechselseitig beeinflussen.

	Beziehung	Wechselwirkung	Thema
Ziel-gespräch	Gute Beziehung Schlechte Beziehung	Akzeptanz der Zielvorgabe ⟶ Ablehnung der Zielvorgabe Gefahr: mit der Person wird eventuell auch das Ziel abgelehnt ⟶	Ein Ziel wird formuliert, ein übergeordneter Rahmen abgesteckt
Aufgabengespräch	Bei einer positiven Beziehung Mitarbeiter — Vorgesetzter Verstimmung des Mitarbeiters bei Übertragung unattraktiver Tätigkeiten	Die Zuweisung von Aufgaben kann von Sympathie/Antipathie beeinflußt werden ⟶ Identifizierung mit der Aufgabe/Motivation und Stimulation ⟶ ⟵	Aufgaben verteilen
Innovationsgespräch	Positive Beziehung Negative Beziehung	Vorschläge werden eher gemacht und akzeptiert ⟶ Verkrampfung/Passivität Ablehnung von Vorschlägen aus	„Brainstorming" Freisetzung von kreativen Ideen und Geistesblitzen

	Beziehung	Wechselwirkung der Beziehungsebene heraus ←——→	Thema
Entwicklungsgespräch	Positive Beziehung	Größere Bereitwilligkeit in der Berichterstattung ——→	Wie weit ist eine Aufgabe gediehen?
	Negative Beziehung	Keine eigene Initiative des Mitarbeiters, er antwortet nur auf Fragen ——→	Zwischenbilanz
		Die Bewertung eines Mitarbeiterergebnisses kann von der Beziehung abhängen ——→	
		Ob und wie eine Beurteilung vom Mitarbeiter angenommen wird, ist vom Vertrauensverhältnis Mitarbeiter — Vorgesetzter abhängig ——→	
Ergebnisgespräch	Positives Verhältnis Vorgesetzter — Mitarbeiter	Bereitwilligere Ergebnisdarstellung ——→	Ergebniskontrolle Bewertung
	Eine gute Bewertung verbessert die Beziehung	←——	

	Beziehung	Wechselwirkung	Thema
	Es besteht die Gefahr, daß der Mitarbeiter dem Vorgesetzten eine für ihn ungünstige Beurteilung übelnimmt (auch dann, wenn sie von der Sache her angebracht ist)	←———————	
Allgemeines Arbeitsgespräch	Negative Beziehung	Desinteresse ——————→	„Tagesgeschäft"
	Positive Beziehung	Größeres Engagement, Beteiligung ——————→	

FKR/MTU 7: Sachbezogene Gespräche. Matrix „Gesprächsmuster, Themaebene, Beziehungsebene".

	Beziehung	Wechselwirkung	Thema
Bedürfnisgespräch	Vertrauen, Interesse am Mitarbeiter, Sensitivität, Fähigkeit, die eigene Befindlichkeit auszudrücken	Kein Bedürfnisgespräch ohne „funktionierende" Beziehungsebene möglich	Erkennen und feststellen, wo der Schuh drückt
		Das Thema entwickelt ——————→ sich aus der Beziehung.	

	Beziehung	Wechselwirkung	Thema
Klärungs-gespräch	Ein positives Grundklima.	Fördert die Kompromißbereitschaft und die Fähigkeit, Kritik anzunehmen, ——→	Problembewältigung, Mißverständnisse abbauen
	Ein gespanntes Verhältnis (gegenseitiges Mißtrauen, Unsicherheit, ...)	wirkt eskalierend, verschärft ←——→	Die Sachposition
Fördergespräch	Interesse am Mitarbeiter, Vertrauen des Mitarbeiters zum Vorgesetzten	Die richtige Einschätzung der Möglichkeiten und Fähigkeiten eines Mitarbeiters setzt eine intakte Beziehung zu ihm voraus	„Entwicklungshilfe". Die Muskeln stärken
	Mitarbeiter fühlt sich vom Vorgesetzten mit seinen Problemen allein gelassen	——→ ←——	
Konfliktgespräch	Von einem Konfliktgespräch kann eine Beziehung nicht profitieren	Es droht die Gefahr, daß die Sachdiskussion von Emotionen überlagert wird	Konflikt wird ausgetragen
	Gute Beziehung	Rücksichtnahme	
	Negative Beziehung	Verschärfung oder auch Angst davor, die letzten	Themaverfehlung: Es wird kein

	Beziehung	Wechselwirkung Brücken abzubrechen ←——→	Thema Konfliktgespräch geführt
Konsequenzgespräch	Antipathie	Verstärkung der Konsequenz ——→	Konsequenz aussprechen
	Sympathie	Abschwächung der Konsequenz ——→	
	Die Beziehung verschlechtert sich	←——	

FKR/MTU 8: Personenbezogene Gespräche. Matrix „Gesprächsmuster, Themaebene, Beziehungsebene".

Teilnehmer der MTU-Führungskollegreihe IV:

Brian Tainton	Franz Dietl
Manfred Lindner	Winfried Weiss
Willi Eichhorn	Uwe Ruland
Dieter Schneefeld	Herbert Huber
Dr. Erwin Bayer	Josef Riedleder
Dr. Thomas Ivers-Tiffee	Hans-Peter Reuter
Helmut Schmidt	Hans Drong
Josef Lindinger	Klaus Wolf
Manfred Voegele	Claus Kraenzle

Bei dieser Darstellung war mir die Erhaltung der Originalität auch deshalb so wichtig, weil es sich um die Auffassung und Umsetzung der Gesprächsmuster von 18 unterschiedlich ausgebildeten Führungskräften (vom Kaufmann und Techniker mit Lehrabschluß bis zum promovierten Ingenieur/Chemiker) der unteren Führungsebene in einem Großkonzern handelt. Neben der Einsicht, selbst diese Gesprächsmuster in der Mitarbeiterführung anwenden zu wollen, steckt in einer solchen Ausarbeitung ebenso ein gehöriges Quantum an Erwartungen gegenüber dem darüber angesiedelten Vorgesetztensystem.

Die beteiligten direkten Vorgesetzten hatten natürlich vor Ort die Gelegenheit, im Zuge der Präsentation viel von dem Erwartungshorizont ihrer Mitarbeiter kennenzulernen, was — richtig angewendet — die Chancen für gezielte und damit erfolgreiche Führungsarbeit beträchtlich erhöht.

Mir als Begleiter solcher Prozesse wird immer wieder aufs neue bewußt, daß gescheiterte Zusammenarbeitsverhältnisse zwischen verschiedenen Hierarchieebenen in nahezu allen Fällen damit zu tun haben, daß die oberen Manager sich zu wenig Zeit nehmen, das System und die darin eingebundenen Menschen innerhalb ihrer Karrierestufe zu verstehen. Personale Gespräche, besonders das Bedürfnis- und Klärungsgespräch, können einen leichten Zugang in bisher verschlossene Räume zwischen Wahrnehmung und Realität schaffen. Der Schlüssel dazu ist selten in der tiefen Schreibtischschublade der Sachlichkeit zu finden, wohl aber steht er dem Mitarbeiter im Gesicht geschrieben.

Was machen Sie mit einem Mitarbeiter, der sich anders verhält, als Sie es sich vorstellen? Kritisieren? Das wäre eine Möglichkeit. Kritikgespräche haben sich in der allgemeinen Führungslehre verankert. Sie sind ein fester Bestandteil in Managementkursen, und in fast jedem Buch, das das Thema der Gesprächsführung mit dem Mitarbeiter aufgreift, wird eine Empfehlung abgegeben, wie solche Kritikgespräche am besten zu führen sind. Praktiziert oder nicht, steht über Kritikgespräche in den meisten firmeninternen Führungsfibeln Interessantes zu lesen, zum Beispiel wann Kritik angebracht ist, wie ein Kritikgespräch eröffnet werden kann und wie man es abschließen sollte. Um so mehr könnten Sie jetzt darüber erstaunt sein, daß ich von Kritikgesprächen gar nichts, wirklich rein gar nichts halte. Warum? Weil ich beobachte, daß sich dadurch wenig bewegen läßt. Entweder wird die Kritik sehr massiv geäußert, weil zum Beispiel der Vorgesetzte zu lange damit gewartet hat und demzufolge mächtig geladen ist — oder sie wird so zaghaft gesagt, daß der Mitarbeiter ein sensibles Ohr braucht, um mitzubekommen, was sein Chef von ihm will. Ähnlich verhält es sich mit den sogenannten Lobgesprächen, die ich ebenso verwerfe. Das Lob wirkt künstlich-aufgesetzt, verblümt-zaghaft, oder die lobenden Aussagen verraten deutlich und klar das Geschäft, das der Vorgesetzte damit verbindet: positiv-stabilisierende Manipulation.

An die Stelle von Lob- und Kritikgesprächen setzte ich die schon angedeuteten personalen Gespräche, die im Unterschied zu den sachlich orientierten die Person des Mitarbeiters in den Mittelpunkt rücken.

Warum müssen Sie als Vorgesetzter Konsequenzen folgen lassen? Vermutlich, weil es beim Mitarbeiter nicht so funktioniert, wie es sein müßte oder könnte. Was haben Sie führungsmäßig unternommen, das die Konsequenz rechtfertigt? Wenn Sie nicht aus purer Willkür konsequent werden, zum Beispiel indem Sie sich von dem Mitarbeiter trennen, wird dem Geschehen ein Konflikt vorausgegangen sein. Was könnte beim Mitarbeiter problematisch gewesen sein, das den Konflikt ausgelöst hat? Er könnte zum Beispiel auf einer Stufe seines Verhaltens stehengeblieben sein, die Sie so nicht akzeptieren wollen oder können.

Mitarbeiter, die sich weiterentwickeln sollen, haben einen konkreten Förderbedarf, und welchen, das sollte vorher geklärt werden. Bevor es aber dazu kommt, muß der Vorgesetzte wissen, wo sein Mitarbeiter steht, damit er ihn dort abholen kann. Er muß mehr vom Mitarbeiter wissen als das, was sich beobachten läßt. Er muß vor allem Bedürfnisse von ihm kennen, die für ihn verhaltensbestimmend sind. Umgekehrt betrachtet, also in der Reihenfolge der einzelnen Schritte, vom Problem bis zur Konsequenz, ergibt sich eine logische Kette:

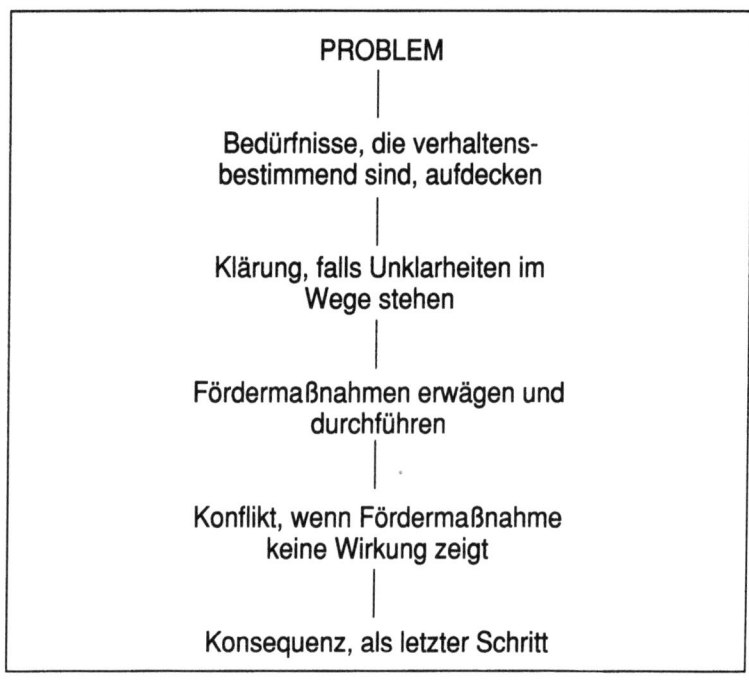

Abbildung 13: Kette der Problembeseitigung

Daraus leiten sich in logischer Reihenfolge die personalen Gespräche ab.

6.1 Das Bedürfnisgespräch

Anlaß: Leistungsabfall oder mangelnde Identifikation beim Mitarbeiter, Unzufriedenheit des Vorgesetzten mit bestimmten Verhaltensweisen des Mitarbeiters, Konflikte zwischen dem Vorgesetzten und dem Mitarbeiter, die ungeklärt scheinen, oder andere Probleme, die die Zusammenarbeit belasten.

Ziel: Hintergrundmotive (Bedürfnisse) für das Verhalten des Mitarbeiters erfahren, Zusammenarbeit verbessern, Einsicht für Verhaltensänderungen.

Botschaftskanäle: Persönliche Aussagen, kollektive Mitteilungen, Hintergrundfragen.

Angenommen, der Mitarbeiter hält klar getroffene Absprachen nicht ein, dann läßt sich durch Anweisungen dieses Verhalten kaum nachhaltig verändern. Auch wiederholte Sachgespräche bewirken wenig. Der Mitarbeiter definiert sich über ein Verhalten, das dem Vorgesetzten nicht gefällt. Wäre es anders, würde der Vorgesetzte wohl kaum auf das Verhalten aufmerksam werden, jedenfalls nicht negativ. Wenn es sich um angeborenes Verhalten handeln würde, hätte der Vorgesetzte kaum Chancen, eine Verhaltensänderung zu beweisen. Im vorliegenden Fall können wir angeborenes Verhalten, auf der Grundlage neurobiologischer Programme, ausschließen. „Absprachen nicht einzuhalten" könnte von Vorbildern übernommen, durch Erfahrung erlernt oder durch Instruktion gelernt sein. Welcher Ausgangspunkt auch immer für das Verhalten verantwortlich sein mag, in jedem Falle hat der Vorgesetzte eine Chance der Einflußnahme, wenn er die Bedürfnisse seines Mitarbeiters kennt, die dem Verhalten „Absprache nicht einhalten" zugrunde liegen.

„Bedürfnis" drückt einerseits aus, was jemand zu seiner Erhaltung und Entfaltung benötigt. Dazu zählen Bedürfnisse physiologischer (nach Sauerstoff, Nahrung . . .) und psychologischer (nach Sicherheit, Geborgenheit, Akzeptanz und Selbstverwirklichung) Art. Es handelt sich hierbei um *existentielle* Bedürfnisse.

Andererseits entstehen Bedürfnisse dadurch, daß jemandem etwas verwehrt wird, was momentan für ihn wichtig ist, obwohl nicht unbedingt lebenserhaltend oder lebensnotwendig.

Daß die Raumtemperatur und die Ausleuchtung stimmen, daß jemand sicher — zum Beispiel bezogen auf seine berufliche Zukunft — sein darf, sich von der Gruppe aufgenommen und in der Gruppe angenommen fühlt und sich in seinem Arbeitsfeld und durch die Tätigkeit, die er ausführt, selbst verwirklichen kann, zählt zu den existentiellen Bedürfnissen. Wenn solche existentiellen Bedürfnisse, die jeder auf der Folie seiner subjektiven Wahrnehmung gewichtet, gesättigt sind, ist der Mitarbeiter zufrieden. Erlebt er statt dessen ein Defizit, reagiert er unmittelbar mit *Reduzierungen* (zum Beispiel seiner Leistung oder seiner Identifikation) oder mit *Umgestaltungen*, indem er seinen Wahrnehmungsinhalten eine andere Gestalt gibt. Wenn er zum Beispiel wahrnimmt, daß „der Vorgesetzte keine Zeit für mich hat", *gestaltet* er *um* in „ich brauche meinen Vorgesetzten nicht, ich komme ohne ihn viel besser zurecht". Oder wenn er in der Gruppe die für sein Bedürfnis ausreichende Akzeptanz vermißt, *reduziert* er, das heißt, er nimmt sich zurück und wird zum Einzelkämpfer.

Eine *Umgestaltung*, könnte auch sein, daß er „Arbeit im Team" ablehnt, weil sie — so die *Umgestaltung* — „uneffektiv" ist. Solche Bedürfnisstörungen führen den Mitarbeiter weg vom konkreten Auslöser (der Vorgesetzte, die Gruppe, der Kollege, eine Situation . . .) hin zu einer *Verformung*, die quasi eine Selbsthilfeaktion darstellt, um existieren zu können. Psychoanalytisch gesehen finden *Verformungen* bereits in der Kindheit statt, mit Spätfolgen, die oftmals nur schwer zu heilen sind.

Als Beispiel seien potentieller Alkoholismus oder Drogenabhängigkeit genannt, wo der Umgestaltungsprozeß ständig erneuert und damit aktiv gehalten wird. Von der körperlichen Abhängigkeit abgesehen, die als zusätzliches Problem die Heilung erschwert, werden subjektiv erlebte Bedürfnisstörungen täglich kompensiert. Der Schluck wird genommen, bevor die vermißte Bedürfniserfüllung anfängt, seelische Schmerzen zu bereiten, die präventive Einnahme der Droge verhilft zur *Umgestaltung* der Welt, die dann als „o. k." erlebt wird. *Verformungen* sind die Folge ständiger *Umgestaltungen*.

Neben die existentiellen treten weitere Bedürfnisse, die weit über den existentiellen Bedarf des menschlichen Daseins hinaus den relativen Luxus herbeisehnen. Die Ansprüche steigen mit zunehmender Erfüllung von Bedürfnissen. Restaurants erhalten sich nur dadurch ihre Exklusivität, daß sie sich immer neue Kreationen einfallen lassen, der Bedarf an Quadratmetern Wohnraum nimmt ständig zu, die Automobilhersteller müssen immer schnellere, leisere und größere Fahrzeuge in den einzelnen Klassen anbieten, weil sonst der Lockruf der Konkurrenz das Aus einer bestimmten Marke bedeuten könnte, der Lebensstandard wächst gleichmäßig, wie das Bruttosozialprodukt.

Als Führender haben Sie mit Menschen zu tun, die ihre vielfältigen Bedürfnisse auch im Berufsleben erfüllt sehen möchten und als Gegenleistung dafür den Betrieb oder dem Vorgesetzten einiges an Bereitschaft entgegenbringen. Das mag zunächst wie ein ständig zunehmender, unerfüllbarer Anspruch aussehen, der den Führer vor schier unlösbare Probleme stellt. So ähnlich scheinen es die Führer zu erleben, die ihrerseits mit durchaus ähnlichen Strategien reagieren. Mit *Reduzierungen*, indem sie die Führungsarbeit auf ein nicht mehr vermeidbares Minimum zurückfahren; mit *Umgestaltungen*, indem sie sich andere, angenehmere Tätigkeitsfelder suchen und somit ihren eigenen Mitarbeitern die Aufgaben wegnehmen. An dieser Stelle möchte ich wiederholend daran erinnern, daß Führen heißt, andere erfolgreich zu machen. Es selbst zu tun bedeutet, die anderen ihres Erfolges zu berauben.

Vielleicht ist es mir gelungen, durch die vorausgegangenen Erklärung deutlich zu machen, warum die Verhaltensänderung beim Mitarbeiter mit einem Bedürfnisgespräch beginnen muß. Bevor eine Reise angetreten wird, sind zwei Notwendigkeiten zu klären: der derzeitige Standort und das anvisierte Ziel. So gesehen ist das Bedürfnisgespräch ein Standort-Bestimmungs-Gespräch. Deshalb sollte es mit Zeit und Muße geführt werden. Wenn sich ein Flugzeugführer bei der Routenberechnung im Standort irrt, kann das fatale Folgen haben. Allerdings wird im Bedürfnisgespräch weit mehr erreicht als nur der Standort bestimmt. Für die Durchführung empfehle ich eine inzwischen bewährte 7-Stufen-Methode,

mit der Bedürfnisse verdeutlicht und notwendige Verhaltensmodifikationen abgestimmt werden können.
1. Gesprächsanlaß, Erwärmung
2. Vertrauen schaffen
3. Problem aufzeigen
4. Mitarbeiterbedürfnisse ergründen
5. Gegenseitige Bedürfnisse abwägen
6. Strategie abstimmen
7. Wirkung überprüfen

Stufe 1: Gesprächsanlaß, Erwärmung

Ich halte viel davon zu sagen, was ist, ohne lange herumzureden. Langes Um-den-Brei-Herumreden kostet Zeit, die im weiteren Gesprächsverlauf dringend benötigt wird. Abzuwägen ist aber ebenso, daß der Mitarbeiter für das Thema erwärmt werden muß. Schließlich heißt über eigene Bedürfnisse zu reden, sich dem anderen gegenüber zu öffnen. Und das ist mit einem gewissen Risiko behaftet. Den Einstieg können Sie sich dadurch erleichtern, daß Sie versuchen, sich gedanklich auf den Stuhl des anderen zu setzen. Machen Sie in der Vorbereitung einen „Rollentausch" mit Ihrem Gesprächspartner, Sie werden dadurch mehr Verständnis für seine Position erlangen.

Was *Persönliche Aussagen* sind, können Sie auf den Seiten 56ff. nachlesen. Damit werden Sie für den Mitarbeiter anfaßbar, kalkulierbar und offen. Da das Verhalten eines Menschen das Verhalten eines anderen beeinflußt, sollten Sie vorleben, was Sie vom Mitarbeiter später erwarten. Lassen Sie den Mitarbeiter spüren, daß Sie ernsthaft um ihn bemüht sind. Je weniger Sie ihm vorspielen, desto offener wird das Gespräch seinen Verlauf nehmen. Sagen Sie ihm ganz einfach, was Sie bewegt, dieses Gespräch zu führen, indem Sie beschreiben, was in Ihnen vorgeht: „Mich beschäftigt . . .", „ich habe nachgedacht über . . .", „mir ist aufgefallen . . .". Vermeiden Sie auf jeden Fall Anklagen, negative Bewertungen und alles, was dem anderen Anlaß geben könnte, sich schützen zu müssen oder in

Opposition zu gehen. Üben Sie sich ab der ersten Minute des Gesprächs in gutem *Hineinhören*. Greifen Sie alles auf, was der Mitarbeiter sagt oder zu sagen signalisiert. Sehen Sie ihn an, damit Sie Regungen in seinem Gesicht, die helfende Signale sein können, mitbekommen. Sie haben Ihr Ziel der ersten Stufe erreicht, wenn der Mitarbeiter aufgeschlossen zu sein scheint, was 2, aber ebenso auch 15 Minuten dauern kann.

Stufe 2: Vertrauen schaffen

Geben Sie dem Mitarbeiter das Gefühl, daß er sich Ihnen anvertrauen kann, ohne Restriktionen befürchten zu müssen. Sagen Sie ihm, daß Sie verstehen möchten, was ihn bewegt, und daß Sie daran interessiert sind. Verzichten Sie auf jede Bewertung, vermeiden Sie Beurteilungen oder Gewichtungen. Wenn Sie ehrliches Interesse an dem anderen als Mensch haben, wird Ihnen diese Phase leichter fallen, als wenn Sie den anderen innerlich ablehnen. Womit kann ein anderer bei Ihnen ein Klima des Vertrauens schaffen? Was bei Ihnen wirkt, könnte ebenso auf den Mitarbeiter wirken.

Stufe 3: Problem aufzeigen

Während Sie zu Beginn des Gesprächs das Problem vielleicht schon angedeutet haben, ist es jetzt an der Zeit, das Problem, das sich für Sie ergibt, so aufzuzeigen, daß es der Mitarbeiter nachvollziehen kann. *Kollektive Mitteilungen* können an dieser Stelle durchaus angebracht sein. Wenn der Mitarbeiter anders arbeitet, als Sie es sich vorstellen, mag es auch daran liegen, daß ihm bisher nicht klar gewesen ist, was Sie von ihm erwarten. Nennen Sie jetzt, da der Mitarbeiter für das Gespräch erwärmt ist und Vertrauen gefaßt hat, die Dinge offen beim Namen. *Hinterfragen* Sie, ob er versteht, worum es Ihnen geht. Fragen Sie gegebenenfalls so lange nach, bis Sie sicher sind. Denn nur auf der Grundlage ein und desselben Problemverständnisses können Sie die Bedürfnisse des Mitarbeiters ergründen. Vielleicht sieht der Mitarbeiter überhaupt kein Problem in seiner Unzuverlässigkeit, Ungründlichkeit oder Unpünktlichkeit, weil er bisher davon ausgegangen ist, daß Sie damit gut leben können. Machen Sie dem Mitarbeiter unmißverständlich klar, worauf es Ihnen ankommt.

Stufe 4: Mitarbeiterbedürfnisse ergründen

Auch hier gilt: Vorleben ist die beste Einladung zur Nachahmung. Senden Sie *Persönliche Aussagen*, indem Sie über Ihre Bedürfnisse reden, falls es dem Mitarbeiter schwerfällt, Bedürfnisse von sich preiszugeben. Bei der Darstellung der Stufen nehme ich immer den schwierigsten Fall an, und der wäre, daß der Mitarbeiter sich bedeckt hält. Stellen Sie sich vor, daß eine Mitarbeiterin ungründlich arbeitet, daß sie wichtige, an sie delegierte Vorgänge liegen läßt und daß die ausgeführten Arbeiten nach Ihrem Maßstab sorgfältiger erledigt werden müßten. Das Problem haben Sie ihr aufgezeigt, und Sie hatten auch den Eindruck, verstanden worden zu sein. Jetzt stockt das Gespräch, weil zum Beispiel die Mitarbeiterin sagt: „Ich bin, wie ich bin" oder angegriffen abwehrt: „Wenn Sie nicht sehen, was ich alles für die Firma mache, bin ich hier wohl falsch am Platze". Sie können der Mitarbeiterin damit eine Brücke bauen, indem Sie ihr durch Beispiele eigener Bedürfnisse verdeutlichen, daß sie mit ihrer Situation nicht alleine dasteht. Dieser Prozeß in der (Gesprächs-)Führung wird als die „Phase des Anpassens" bezeichnet. Ebenso könnten wir — vielleicht zum besseren Verständnis — vom *Prozeß des Ankoppelns* sprechen. Führung setzt diesen Vorgang voraus, der im übrigen auch rein mechanisch bei Eisenbahnwaggons oder anderen Fahrzeugen zu beobachten ist, die miteinander verbündet, dieselbe Strecke fahren sollen.

Wenn der Mitarbeiter spürt, daß Bedürfnisse etwas Normales, Menschliches sind, die „sogar der Chef" hat, fällt die Auseinandersetzung damit bedeutend leichter. Wünschen kann ich Ihnen, daß Sie selbst einen Vorgesetzten haben oder auch in Ihrer Erinnerung Szenen kennen, die irgendwie vergleichbar sind.

Ein verständnisvoller Chef erfährt mehr, als ein fordernder. Wenn Sie dem Mitarbeiter — und dadurch sich selbst — helfen wollen, an einer Verhaltensänderung zu arbeiten, dann müssen Sie wissen, welche Motive sein Verhalten bestimmen. So kann Ungründlichkeit bequemer sein als Gründlichkeit, Unpünktlichkeit angenehmer als Pünktlichkeit. Ein durch Gewohnheiten ungründlich arbeitender Mensch wird dadurch nicht anders, daß ihm Gründlichkeit durch Anordnung verordnet wird. Immer, wenn es für ihn bequemer ist, die Anweisung zu unterlaufen, als sie zu befolgen, wird er sich dafür entscheiden. Eben weil es bequemer ist.

Stufe 5: Gegenseitige Bedürfnisse abwägen

Vielleicht fragen Sie sich: „Was soll ich denn noch alles tun in solch einem Gespräch? Der Alltag läßt mir dafür überhaupt keine Zeit." Die Frage ist weniger, woher die Zeit dafür nehmen, als die, was mit der später gewonnenen Zeit sinnvoll anfangen. Wenn Sie wissen, welche Bedürfnisse der Mitarbeiter hat und welche Motive sein Verhalten bestimmen, können Sie Ihre Bedürfnisse dagegen setzen. Angenommen, die Bedürfnisse des Mitarbeiters finden Ihre Toleranz, dann wissen Sie jetzt, warum der Mitarbeiter sich so verhält, wie er sich verhält. Und im anders gelagerten Fall, der häufiger zutreffen dürfte? Sagen Sie dem Mitarbeiter, was Sie sich vorstellen, und zwar in Form *Persönlicher Aussagen*. Machen Sie deutlich, unter welchen Umständen Sie besser mit ihm zusammenarbeiten, ihn mehr akzeptieren, ihm mehr Freiheiten einräumen können. Zeigen Sie dem Mitarbeiter — möglichst orientiert an seinen eigenen Bedürfnissen — auf, was er davon hat, wenn er sich verändert. Statt zu sagen: „So und so sollten Sie sich verhalten", machen Sie durch *Persönliche Aussagen* darauf aufmerksam, was Sie sich wünschen. Der Vorteil besteht darin, daß *Persönlichen Aussagen* nicht widersprochen werden kann; sie stehen im Raum, weil es sich um Wahrnehmungen handelt. Um Mißverständnissen vorzubeugen: Wie sanft Führung auch erlebt werden mag, eines ist klar, Sie sind der Chef, der die Verantwortung trägt, also können Sie auch

Rahmenbedingungen setzen, die sich aus Ihren eigenen Bedürfnissen ableiten lassen.

Stufe 6: Strategie abstimmen

Legen Sie in Abstimmung mit Ihrem Mitarbeiter fest, was sich wie ändern soll, soweit sich entsprechende Notwendigkeiten herausgestellt haben. Schaffen Sie konkrete, nachvollziehbare und damit kontrollfähige Voraussetzungen. Die gefundene Strategie muß für beide akzeptabel sein, sonst wird nichts daraus. Beachten Sie dabei, daß Verhaltensänderungen nur dann zu erwarten sind, wenn der Mitarbeiter entweder selbst die neue Strategie entwirft oder einem von Ihnen konzipierten Modell überzeugt zustimmt. Die Strategie der Veränderung muß sich an einem klar formulierten Ziel orientieren können und umsetzbar sein. Sie werden kaum von Ihrem Mitarbeiter verlangen können, daß er sich über die ganze Bandbreite seines Verhaltens ändert, wohl aber, daß er sich auf Segmente konzentriert und daran mit Engagement arbeitet.

In vielen Betrieben wird das meiste Geld dadurch verschwendet, daß Pläne falsch sind, Ziele unrealistisch formuliert werden und vom Top-Manager bis zur Basis die Leute immer nur hoffen, anstatt zu machen. Natürlich ist es verführerisch, ein solches Gespräch mit einer respektablen Liste von Absichtserklärungen und konzeptionell beeindruckenden Plänen zu beschließen. Jeder Bankkassierer weiß aber, daß das Ergebnis nach Kassenschluß mehr zählt, als die ganze Planung am Morgen wert ist. Besser, Sie kommen mit kleinen Schritten dem Erfolg näher, als mit Meilenstiefeln vom Weg ab.

Stufe 7: Wirkung überprüfen

Bevor Sie auseinandergehen, sollten Sie sich noch einmal über die durch das Gespräch erreichte Wirkung ein Bild machen, damit Ihre ab jetzt konditionierten Erwartungen auf solidem Grund gebaut sind. Das Gespräch sollte erst dann beendet werden, wenn Sie eine klare Vorstellung von dem haben, was beim Mitarbeiter angekommen ist und wie er die formulierten Vorhaben in Sachen Verhaltensänderung anpacken will. Vereinbaren Sie gegebenenfalls ein weiteres Gespräch mit einem angemessenen Zeitabstand von mindestens einigen Tagen, um die Wirkung zu überprüfen.

Die sieben Stufen müssen Sie nicht unbedingt in einem Gespräch erreichen. Verschiedene Gründe können durchaus bedingen, die sieben Stufen auf mehrere Gesprächseinheiten zu verteilen, zum Beispiel wenn der Mitarbeiter sich nicht öffnet, Sie im Gespräch an kritische Punkte kommen, die für ein Vertagen sprechen, der Mitarbeiter oder Sie selbst aus betrieblichen Gründen nur Zeit für kurze Zusammenkünfte finden. Ich gebe aber dem Bedürfnisgespräch an einem Stück den Vorzug.

Das Bedürfnisgespräch ist von allen Gesprächsformen die schwierigste, soweit das Einfühlungsvermögen des Vorgesetzten angesprochen ist, und die ergiebigste, wenn sie mit realer Zielsetzung, Gelassenheit und entsprechender Erfahrung geführt wird. Ich kenne nur ganz wenige Chefs — auf allen Ebenen der Hierarchie — die gute Bedürfnisgespräche führen. Ich kenne aber kaum jemanden, der es nicht lernen kann, vorausgesetzt, seine Strategie heißt „effektive Führung" und nicht Effekthascherei. Natürlich ist es bequemer zu kneifen und Menschen als „nicht veränderbar" abzustempeln — wie Führungskräfte gerne Methoden anstatt sich selbst in Frage stellen. Wiederum glaube ich kaum, daß Sie zu dieser Sorte von Managern gehören, weil Sie sonst vermutlich das Buch ins Regal gestellt hätten, ohne es bis zu dieser Stelle zu lesen.

6.2 Das Klärungsgespräch

Anlaß: 1. Ein Bedürfnisgespräch hat nichts bewirkt, oder der Vorgesetzte ahnt, daß er vom Mitarbeiter nicht akzeptiert ist, oder vermutet, daß der Mitarbeiter sich im Umgang mit ihm schwer tut.

2. Zwischenmenschliche Ungereimtheiten sind zu klären.
Ziel: Differenzen auflösen, Wahrnehmungen abgleichen.
Botschaftskanäle: Persönliche Aussagen, Hintergrundfragen.

Während Bedürfnisgespräche Grundlagengespräche sind, die sich nicht ständig wiederholen (können), gehören Klärungsgespräche zur täglichen Führungspraxis. Im Unterschied zum Bedürfnisgespräch wird nicht aufgedeckt, sondern *aufgearbeitet*. Es kommt häufig vor, daß das Bedürfnisgespräch zwar mit Sorgfalt geführt wurde und klare Absprachen zwischen Chef und Mitarbeiter bestehen, der Vorgesetzte also auf Änderung hofft, ohne daß der Mitarbeiter sich ab dem Zeitpunkt absprachegemäß verhält. Einige Vorgesetzte neigen in einem solchen Fall zur Ungeduld und meinen, nach einem (Bedürfnis-)Gespräch müsse der Mitarbeiter alles genau so machen, wie es vereinbart wurde.

Es kann sein, daß der Mitarbeiter nicht willig oder nicht fähig ist. Dann wäre ein Fördergespräch angesagt. Ebenso ist es aber auch denkbar, daß ein williger Mitarbeiter den Inhalt und damit zwangsläufig auch das Ergebnis eines vorausgegangenen Bedürfnisgespräches anders auffaßt, weil er es durch den Filter seiner Subjektivität verzerrt wahrgenommen hat. Und wer will schon ausschließen, daß es der Vorgesetzte selbst ist, der Wahrheit und Wahrnehmung verwechselt?

Es gibt Vorgesetzte, die die weitläufige Kanalisation der Mißverständnisse — besonders im emotionalen Bereich — mit dem Deckel der Sachlichkeit abzudichten versuchen. Solche unter Managern durchaus beliebte Strategien der *Umgestaltung* enthalten auch Unklarheiten. Überhaupt ist das Unterpflügen von Gefühlen in manchen Betrieben das bevorzugte Spiel. Konzepte, Rezepte, Leitfäden, Anweisungen und Strategiepapiere lassen sich offenbar leichter handhaben als das Empfinden und die Gefühlswelt des Menschen. Hier ist „aufgeschoben" nicht „aufgehoben". Ob ein Mitarbeiter sich (heimlich) verweigert, ob er den Vorgesetzten meidet, ob er sich anders verhält, als es zu erwarten wäre — in jedem der Fälle steht der Vorgesetzte vor der Entscheidung, auszuweichen oder aufzugreifen, unterzutauchen oder aufzutauchen, etwas „abzuheften" oder es „durchzuarbeiten". Typische Verweigerungsstrategien des Vorgesetzten äußern sich in den Formulierungen: „Das muß man doch begreifen", „das muß doch jedem einleuchten", „was soll ich denn noch alles (für den Mitarbeiter) tun?"

Führen bedeutet tun. Das Klärungsgespräch ist für den Mitarbeiter und für den Vorgesetzten eine konkrete Hilfe, weil die meisten Menschen mit „unerledigten Geschäften" schlechter schlafen als in einem Klima von Klarheit, Bewältigung und Transparenz.

In anderen Fällen ist der Vorgesetzte gefordert, Unklarheiten zwischen zwei oder mehreren seiner Mitarbeiter bereinigen zu helfen. Hier ist dann seine Kompetenz als Schlichter, Koordinator oder Vermittler gefragt. Das Klärungsgespräch soll gegebenenfalls später notwendig werdenden Konfliktgesprächen vorbeugen, soweit es um das Verhältnis zwischen dem Vorgesetzten und dem Mitarbeiter geht, und größere Krisen vermeiden helfen, soweit Mitarbeiter untereinander Probleme haben.

Drei Anforderungen sind an ein gutes Klärungsgespräch zu stellen:
1. Jeder Beteiligte bezieht sich ausschließlich auf seine konkreten Beobachtungen und/oder Gefühle, die Personen oder Situationen in ihm auslösen.
2. Jeder Beteiligte sagt, was er wie verstanden hat.
3. Jeder Beteiligte erklärt am Schluß, was aus seiner Wahrnehmung das Ergebnis ist und wie er es umsetzen will.

Das klingt einfach — oder? Ist es im Grunde genommen auch, wenn sich alle Partner konsequent an die Spielregeln guter Kommunikation halten, die in der heutigen Zeit durch Bücher und Seminare weit verbreitet sind. Zur Auffrischung einige wenige Erklärungen, die zum besseren Verständnis nur auf Ihr Verhalten bezogen sind (im Vorleben steckt die Kunst zu lehren)!

Zu 1: Prüfen Sie, ob Sie das, was Sie einem anderen unterstellen, *konkret* beobachtet haben. Sollten Sie statt konkreter Beobachtungen, Vermutungen, Phantasien oder Interpretationen in den Raum stellen, ist es für ein klares Verstehen wichtig, sie als solche auszuweisen („ich vermute . . .", „meine Phantasie ist . . ." „ich denke . . ."). Gefühle können Sie am besten zum Ausdruck bringen, indem Sie einfach sagen, was in Ihrem Inneren brodelt oder kocht, wie es Ihnen mit der Situation oder dem anderen geht. Hilfreich ist es, sich dabei an das Prinzip der „selektiven Authentizität" zu halten: „Ich sage nicht alles, was wahr ist, aber alles, was ich sage, ist wahr."

Zu 2: Schildern Sie, was bei Ihnen angekommen ist. Das kann mehr oder weniger sein als das, was der andere mitgeteilt hat.

Zu 3: Die Betonung liegt auf „jeder" und „für sich". Den besten Gleichstand erreicht eine Gruppe, wenn die Einzelwahrnehmungen und -meinungen addiert werden. Dieses Prinzip ist aus der Natur der Sache heraus bei nur zwei Gesprächspartnern viel leichter einzuhalten.

Angenommen, Sie wollen bei Ihrem Mitarbeiter eine Verhaltensänderung bewirken. Das Bedürfnisgespräch war fruchtlos, das folgende Klärungsgespräch hat Sie auch nicht weitergebracht. Bevor Sie aufgeben und den Mitarbeiter für einen hoffnungslosen Fall erklären — was sich nach dem jetzigen Stand noch nicht sagen läßt! —, bietet sich der nächste Schritt in der Verdichtung des Bemühens um Verhaltensänderungen an: das Fördergespräch.

6.3 Das Fördergespräch

Anlaß: Der Mitarbeiter kommt mit einer Situation nicht zurecht, die seinem Aufgaben- und Verantwortungsbereich entspricht, oder Bedürfnis- und Klärungsgespräche zeigen keine Wirkung, oder der Mitarbeiter hält den an ihn gestellten Anforderungen nicht stand.

Ziel: Die Arbeitsfähigkeit durch das Gespräch selbst oder nachgeschaltete Fördermaßnahmen anforderungsgerecht herzustellen, beziehungsweise eine sich als notwendig erweisende Verhaltensänderung erreichen.

Botschaftskanäle: Persönliche Aussagen, Kollektive Mitteilungen, Hintergrundfragen, Lenkende Impulse.

Daß Mitarbeiter in der Arbeitsweise und dem Arbeitsergebnis von den Vorstellungen ihrer Chefs abweichen, kommt häufig vor. Wie gehen Sie als Chef mit dem Problem um? Angenommen, Ihr Mitarbeiter leistet weniger oder macht alles ganz anders, als es den Vorgaben oder Vereinbarungen entspricht. Wie geben Sie Kritik weiter? Zögernd? Ungeduldig? Einfühlsam?

Von klassischen Kritikgesprächen halte ich deswegen nichts, weil

— wenige Führer konstruktive Kritik so anbringen können, daß sie fördernd wirkt,
— die meisten Menschen auf Kritik mit Abwehr und Rechtfertigung reagieren — anstatt aufmerksam zuzuhören und in jeder kritischen Äußerung eine Chance zu entdecken —,
— Kritik immer dann Zeitverschwendung ist, wenn damit etwas anders als Förderung als Ziel verbunden wird.

Eine ähnliche Meinung habe ich im Laufe der Jahre über Lobgespräche entwickelt. In der Regel kommt für den Mitarbeiter nicht mehr dabei heraus als abgedroschene Botschaften wie „prima", „ausgezeichnet", „ganz toll", „weiter so", „bestens". Ich bin für Rückmeldungen an den Mitarbeiter, aber entschieden gegen Phrasen und serielle Kundgaben.

Die Kybernetik hat durch ihren geistigen Vater Norbert Wiener das System des Feedbacks (der Rückkopplung) bekannt gemacht und

Sozialpsychologen wie Kurt Lewin haben es aufgegriffen. Feedback soll sein: spontan, nicht interpretierend, konkret, beschreibend und als Angebot formuliert. Das unterscheidet Feedback deutlich von Beurteilung. Während sich bei Anbringung von Kritik der Vorgesetzte zur Beurteilung aufgerufen fühlt („das war gut", „... schlecht", „... akzeptabel", „... unmöglich"), schafft Feedback eine andere Qualität von Kommunikaton: Der Feedback-Empfänger erfährt, was ein anderer an ihm wahrnimmt, wie er über ihn denkt und was er in dem anderen auslöst.

Das Fördergespräch sollte mit den Methoden des Feedbacks geführt werden, also vor allem wertfrei und beschreibend, ohne daß es sich mit dem Feedback erschöpft. Deshalb ist ein Fördergespräch mehr als ein Feedbackgespräch. Zum Fördergespräch gehören im einzelnen

1. ein Ausgangspunkt, von dem aus Förderung erfolgen soll,
2. eine konkrete Beschreibung dessen, was o. k. oder nicht o. k. ist,
3. ein kontrollfähig formuliertes Förderziel, soweit sich die Förderung auf anderes als eine positive Bestätigung für das bisherige Verhalten konzentriert,
4. die einzelnen Schritte einer festgelegten Fördermaßnahme,
5. ein methodisches Konzept der Verbindlichkeit, damit das Vereinbarte auch tatsächlich passiert.

Dazu will ich einige Erklärungen geben:

Zu 1: Der Ausgangspunkt leitet sich ab aus
— einem wirkungslosen Bedürfnis- und/oder Klärungsgespräch,
— einer „Störung", die der Vorgesetzte wiederholt mit dem Mitarbeiter hat,
— einem selbsterklärten Wunsch des Mitarbeiters nach Förderung,
— einer betriebs- oder aufgabenbezogenen Veränderung, die dem Mitarbeiter eine Höherqualifizierung abverlangt.

Zu 2: Hierbei sollte sich der Vorgesetzte ausschließlich auf *Persönliche Aussagen* beschränken und Feedback geben.

Zu 3: Zwischen beiden Gesprächspartnern muß das Soll eindeutig formuliert sein: Was soll bis wann wie verändert werden?

Zu 4: Die Förderung kann in weiteren Gesprächen bestehen, durch interne oder externe Weiterbildungsmaßnahmen erreicht, durch innerbetriebliche Maßnahmen gestützt und an einem Tag oder innerhalb einer Woche absolviert werden, oder über viele, langfristig angelegte Schritte verteilt sein.

Zu 5: Das methodische Konzept kann in einem *Psychologischen Vertrag* (S. 157 ff.) bestehen, der an Moral, Glaubwürdigkeit und Ehre appelliert, nach dem Motto: „Wenn das nicht einmal mehr einzuhalten ist, dann geht gar nichts mehr." Inhalte eines solchen Moralvertrages können sein:
— Was ändert sich beim Mitarbeiter oder was unternimmt er?
— Bis wann und gegebenenfalls wie?
— Was passiert, wenn der Vertrag gebrochen wird?
— Wie wird der Vertrag kontrolliert?
— Wann ist er abgelaufen/erfüllt?
— Wer wird was zur Vertragsabsicherung unternehmen?

Psychologische Verträge bedürfen nur dann der Schriftform, wenn die bisherigen Erfahrungen mit dem Mitarbeiter dafür sprechen oder arbeitsrechtlich präventive Sicherungen geboten sind. Der Vorteil solcher „Verträge" besteht vor allem darin, dem anderen die Möglichkeit zu geben, selbst den Inhalt zu formulieren, an den er dann per Moral gebunden ist. Das ganze funktioniert im übrigen nur, wenn die Inhalte des Vertrages realistisch, also bei gutem Willen wirklich erfüllbar sind.

Und noch eines ist unerläßlich: daß die Vereinbarungen des Vertrages sinnvoll — also eindeutig und begründbar — gestaltet sind.

Das Fördergespräch nimmt auf der Skala

Bedürfnisgespräch	Konsequenzgespräch
menschlich-verständnisvoll	hart, aber gerecht

die mittlere Position ein. Damit werden — abgesehen von dem Fall, daß der Mitarbeiter um dieses Fördergespräch ersucht — an die Konsequenz höhere Anforderungen gestellt als bei einem Bedürfnis- und Klärungsgespräch und geringere als bei einem Konflikt- und Konsequenzgespräch.

Soweit es sich um ein positiv bestätigendes Fördergespräch handelt, bedarf es keiner besonderen Methode. Wichtig ist allein, daß positive Rückmeldungen gezielt gegeben werden, also individuell-originell, fördernd-bestätigend und dicht. Das heißt, solche Gespräche sollten weder flüchtig und nebenbei, noch im Zusammenhang mit „tausend" anderen Themen geführt werden, sondern separat, so daß der Mitarbeiter die positive Botschaft so richtig genießen kann.

Handelt es sich dagegen um ein Fördergespräch mit dem Verlangen zur Verhaltensänderung, kann folgendes Vorgehen von Vorteil sein:

1. Der Vorgesetzte spricht seine „Störung" oder den Mangel des Mitarbeiters an.
2. Der Mitarbeiter hat Gelegenheit, darauf zu reagieren.
3. Förderziele, -maßnahmen, -kontrollen und dergleichen mehr werden gemeinsam erarbeitet.
4. Der Mitarbeiter formuliert mit seinen Worten, was vereinbart wurde.
5. Es wird ein Reflexionsgespräch (bei kurzfristigen Maßnahmen) oder das nächste Fördergespräch (bei längerfristigen Maßnahmen) vereinbart.

Wenn Sie als Vorgesetzter ein echtes Interesse am Weiterkommen Ihres Mitarbeiters haben, wird jedes Fördergespräch flüssiger laufen, als wenn es Ihnen „nur um die Sache" geht. Wenn Fördergespräche gängige Praxis sind, dann erübrigen sich die immer noch anzutreffenden klassischen Beurteilungsgespräche, in denen sich der Vorgesetzte quält (weil er durch das System dazu gezwungen ist) und der Mitarbeiter sich langweilt (weil er das alles vom letzten, vorletzten ... Jahr schon kennt).

Wenn Führung Einflußnahme auf den Mitarbeiter bedeutet, dann sind Fördermaßnahmen ein Kernanliegen der Führung und Fördergespräche das dem Ziel am nächsten kommende Instrument. Bedürfnisgespräche erfüllen den Anspruch, den Mitarbeiter zu erkennen, Klärungsgespräche helfen, Mißverständnisse auszuräumen, damit Fördergespräche auf der Basis eines gemeinsamen Verständnisses voneinander effektiv geführt werden können. Der zeitgemäße Vorgesetzte ist Dirigent, Förderer und Vorbild in einer Person und damit in wirkungsvoller Weise für den Mitarbeiter eine Persönlichkeit, die bedeutsam ist. Sich selbst hilft er mit dieser Grundhaltung nicht minder, indem er seine Störungen, die Vorgesetzte häufig mit dem Leistungsverhalten von Mitarbeitern haben, auf ein Minimum reduziert.

6.4 Das Konfliktgespräch

Anlaß: Fördermaßnahmen bleiben wirkungslos, der Mitarbeiter bleibt, wer er ist, aber nicht sein soll, oder anstehende Konsequenzen sollen möglichst verhindert werden.

Ziel: Konsequenz vorbereiten oder, wenn das nicht (mehr) möglich ist, verdeutlichen, daß der Mitarbeiter für anstehende Konsequenzen die „persönliche" Verantwortung übernimmt.

Botschaftskanäle: Persönliche Aussagen, Kollektive Mitteilungen, Lenkende Impulse.

Ich teile die Meinung aufgeschlossener Jugendrichter, daß nicht das Maß einer Strafe entscheidet, sondern allein zählt, ein als gerecht empfundenes, pädagogisch wirksames Urteil zu finden, um weiteren Straftaten im Rahmen der Einflußnahme durch den Richter vorzubeugen. Gleichzeitig bin ich darum bemüht, eine Balance zwischen notwendiger Leistung in der Wirtschaft und ausgewogener Humanität im Führen herzustellen. Jeder Mitarbeiter braucht für seine Entwicklung Chancen, viele Chancen, gleichwohl ist ein im Wettbewerb stehendes Unternehmen damit überfordert, die soziale Verantwortung den Menschen gegenüber, die von der Firma ihr Einkommen beziehen, bis zur Existenzgefährdung des Betriebes überzustrapazieren. Als „menschlich" vermag ich nur das zu sehen, was allen Betroffenen zugemutet werden kann. Wenn der Mitarbeiter seine Chancen hatte, ist dem Vorgesetzten ebensowenig wie dem System zuzumuten, tatenlos dazustehen, während der Mitarbeiter — auf seinen Anspruch nach Menschlichkeit pochend — in seinem alten Trott weitermacht. Ich kann verstehen, daß ein Chef schlichtweg sauer wird, wenn er einen Karren ziehen soll, auf dem gewisse Mitarbeiter sich ausruhen. Verstehen deshalb, weil ich auch ein solcher Chef bin, der dann die Lust verliert und mit Ärger und Verdruß reagiert.

Wenn Ärger eine „Reaktion" ist, halte ich ihn auch unter dem Gesichtspunkt humaner Führung für angemessen, ja sogar notwendig. Konfliktvorbeugung ja, Konfliktvermeidung nein! Sonst ist das ganze Thema Führung mit einem Schlage ad absurdum geführt. Der Chef verliert außerdem den anderen Mitarbeitern gegenüber an Glaubwürdigkeit, wenn er verhalten zusieht, wie Mitarbeiter machen, was sie wollen, anstatt sich danach zu richten, was sie sollen. Je wärmer, verständnisvoller, fürsorgender und einfühlsamer ein Vorgesetzter ist, um so deutlicher darf er reagieren, wenn Absprachen nicht eingehalten, Ziele mißachtet und Aufgabenstellungen ignoriert werden. Um im Konfliktfall die Glaubwürdigkeit zu erhalten, ist es wichtig:

— gerecht,
— situationsangemessen,
— kalkulierbar

zu reagieren. Es gibt Vorgesetzte, die dann scharfe Töne anschlagen, wenn sie mit sich selbst nicht klar kommen, andere, die Überreaktionen zeigen, weil sie zu spät reagieren, und solche, die im verborgenen poltern, um auf der Bühne der Öffentlichkeit das „Land des Lächelns" zu spielen. Ein Grundsatz der Führung sollte sein: „das Problem da ansiedeln, wo es hingehört". Wenn der Mitarbeiter mit Verständnis, Bitten, Überzeugungskünsten und — in erster Linie — konstruktiver Anleitung zu einer notwendigen Tat nicht zu bewegen ist, dann braucht der Konflikt nicht mehr heraufbeschworen zu werden, er ist da! Ein Konfliktgespräch ist kein Klärungsgespräch. Das müßte — eigentlich — vorausgegangen sein. Ein Konfliktgespräch dient dazu,

— dem Mitarbeiter klarzumachen, daß es so nicht weitergeht,
— ihn abzumahnen, weil als nächstes die Konsequenz folgt,
— ihm eine letzte (!) Chance zu geben,
— ihn klipp und klar wissen zu lassen, an welche Konsequenz (Einengung des Freiraums, Intensivierung von Kontrollen, Versetzung, Kündigung) der Vorgesetzte denkt,
— zwischen Anforderung und Realisierung ein „Abschleppseil" zu ziehen, mit dem Abstimmungsprozesse (wie bisher) in Anweisungen umgewandelt werden.

Wenn Konsequenzen anzudrohen sind, dann ausschließlich solche, die auch umgesetzt werden können. Dieses Buch schreibe ich nicht mit der Kompetenz eines Juristen, sondern aus dem Blickwinkel eines Betriebswirtes und Psychologen. Arbeitsgerichte verlangen die Erfüllungen gewisser Formalien, bevor es zu einer Kündigung kommen kann. Also: ohne Erfüllung dieser gesetzlichen Voraussetzungen ist eine Kündigung sowieso nicht rechtens. Ähnliches gilt für Chefs, die nicht gleichzeitig Disziplinarvorgesetzte sind. Prüfen Sie vor dem Konfliktgespräch immer, welche Konsequenzen später auch tatsächlich umgesetzt werden können, und drohen

Sie nur solche Maßnahmen an. Trotzdem: das oberste Ziel eines Konfliktgespräches sollte es immer sein, die denkbare Konsequenz zu verhindern.

Es ist für den Mitarbeiter und Sie als Chef besser, durch ein ordentliches „Gewitter" die Luft zu reinigen, als unter der Dunstglocke der Vermeidung zu ersticken. Schließlich ist die Beziehung zwischen Chef und Mitarbeiter auf Zusammenarbeit ausgelegt, und die ist nun einmal durch Vermeidung und Aus-dem-Weg-gehen schlecht denkbar. Konfrontieren Sie den Mitarbeiter mit all den Punkten, die Sie nicht mehr zu akzeptieren bereit sind, zeigen Sie ihm auf, was Sie bisher für ihn getan haben, und machen Sie deutlich, wie ernst es Ihnen ist. Das ganze Konfliktgespräch wäre allerdings Zeitverschwendung, wenn Sie den Mitarbeiter derart klein machen, daß seine Motivation unter der Last Ihrer Vorwürfe zusammenbricht. Am Ende des Gesprächs muß Aussicht auf weitere, gute Zusammenarbeit bestehen. Wenn der Konflikt ausgetragen ist, ist er ausgetragen! Ich kenne eine Reihe von Arbeitsbeziehungen, die erst nach einem solchen Konfliktgespräch von Qualität und Stabilität gekrönt waren. Die Art der Auseinandersetzung, ob mehr oder weniger dynamisch, war dabei von geringer Bedeutung, wohl aber die Deutlichkeit, mit der der Vorgesetzte seine Schmerzgrenze als erreicht beschrieb. Dabei ist es durchaus vorgekommen, daß ein solches Konfliktgespräch in ein Bedürfnis-, Klärungs- oder Fördergespräch überging, dann nämlich, wenn zuvor die durch solche Gespräche möglichen Chancen einer störungsfreien Zusammenarbeit zu wenig genutzt wurden.

Wenn Sie es als Vorgesetzter verstehen, den Mitarbeiter zu sehen, statt ständig in eigene Angelegenheiten verwickelt und dadurch von qualitativer Führungsarbeit abgelenkt zu sein, werden Sie spätestens im Konfliktgespräch erkennen, ob eine weitere Basis zur Zusammenarbeit gegeben ist oder der Mitarbeiter überfordert wird.

6.5 Das Konsequenzgespräch

Anlaß:	Konsequenzandrohungen bleiben wirkungslos, Konflikte lassen sich nicht auflösen, die Zusammenarbeit ist massiv gestört.
Ziel:	Dem Mitarbeiter die Konsequenz so aufzeigen, daß er darin eine gerechte Handlung erkennen kann.
Botschaftskanäle:	Persönliche Aussagen.

Vorausgesetzt, daß alle Bemühungen um den Mitarbeiter ohne Reaktion auf seiner Seite bleiben und der Zustand für den Betrieb, die anderen Mitarbeiter oder den Vorgesetzten nicht zumutbar ist, sollte die Konsequenz, die den Mitarbeiter jetzt wohl kaum überraschen kann, knapp, aber in einer Atmosphäre von Menschlichkeit ausgesprochen werden. Eine massive Konsequenz (zum Beispiel Kündigung) mitzuteilen, kostet den Vorgesetzten im allgemeinen mehr Anstrengung als das Aussprechen einer Bagatelle (vorübergehend stärkere Kontrolle). Diese Überwindung oder Anstrengung ist ein wichtiges Signal für das menschliche Mitempfinden. Wenn Sie solche Gefühle kennen, spricht das für Ihre menschliche Qualität. Ebenso verleiten derartige „Schmetterlinge im Bauch" dazu auszuweichen, zum Beispiel durch *Verallgemeinerung* (indem der Mitarbeiter hört, daß jeder schließlich in seine Situation kommen kann), *Reduzierung* (indem die Maßnahme zwar ausgesprochen, der Grund, der dazu geführt hat, jedoch verniedlicht wird) oder *Umgestaltung* (indem der Mitarbeiter weggelobt wird).

Von keinem dieser Ausweichmanöver habe ich eine gute Meinung. Ich denke, der Mitarbeiter hat einen Anspruch darauf zu erfahren, was ist. Zwar einfühlsam, aber sachlich-konkret. Wie milde auch immer die Wahrheit mitgeteilt wird, die Unwahrheit zu sagen ist unfair. Zwar kann der Vorgesetzte letzen Endes keine Verantwortung für den pädagogischen Nutzen der Restriktion übernehmen — das ist Sache des Mitarbeiters —, wohl aber sollte er alles in seinen Möglichkeiten Stehende tun, daß der Mitarbeiter eine solche

Erfahrung aus der ihn hart treffenden Konsequenz mitnimmt, die ihm für die Zukunft hilft.

Deshalb ist zum Beispiel im Falle einer einschneidenden Versetzung oder gar Kündigung ein Konsequenzgespräch unerläßlich. Auch bei einer Kündigung hat der Mitarbeiter bis zum letzten Tag des Vertragsverhältnisses Anspruch auf Betreuung, die darin besteht, daß er ein genaues Bild davon bekommt, was schließlich die Entscheidung herbeigeführt hat. Dieses Gespräch ist weder delegierbar, noch durch die Schriftform zu ersetzen. Es geht diejenigen etwas an, die die Entscheidung getroffen haben. Ist also der nächst höhere Vorgesetzte oder der Personalleiter daran beteiligt gewesen, so müssen diese Entscheider auch das Gespräch mit dem Betroffenen führen.

Ein Konsequenzgespräch sollte im wesentlichen drei inhaltliche Schwerpunkte setzen:

1. Welche Gründe haben zu welcher Entscheidung geführt?
2. Warum war eine Alternative zu dieser Entscheidung ausgeschlossen?
3. Was ist menschlich zu berücksichtigen, wenn die Sache an sich hart ist?

Zu 1: Der Mitarbeiter soll wissen, daß keine leichtfertige Entscheidung getroffen wurde und daß er bei aller Betroffenheit die Chance hat, in der Lösung Gerechtigkeit zu entdecken.

Zu 2: Der Mitarbeiter soll erfahren, daß eine andere Möglichkeit als die jetzt anstehende Konsequenz in Erwägung gezogen wurde, um sehen zu können, daß seine Interessen ebenso wie die der Firma in die Waagschale der Entscheidungsfindung gelegt wurden.

Zu 3: Der Mitarbeiter soll mit dem Gefühl aus dem Gespräch gehen, menschlich akzeptiert zu sein, auch wenn gegen ihn eine „Strafe" verhängt worden ist; außerdem soll er alle Hilfen bekommen, Wiederholungen zu vermeiden.

Festhalten möchte ich noch einmal, daß das Konsequenzgespräch in der hier beschriebenen Form für all die Fälle gedacht ist, wo der Mitarbeiter aus Gründen, die bei ihm zu suchen sind, Konsequenzen zu tragen hat. Wenn dieser zentrale Punkt untergeht, wird er den Vorgesetzten, Kollegen oder das System für die ihn hart treffende Entscheidung verantwortlich machen, anstatt bei sich selbst nachzuschauen, was mit ihm ist und was er ändern muß.

6.6 Der Psychologische Vertrag

Daß Arbeitsverhältnisse durch juristische Verträge definiert sind, ist eine Selbstverständlichkeit, über die kaum jemand nachdenkt. Oftmals sind solche Verträge praxisfremd und zuweilen auch unzureichend formuliert. Immerhin regeln sie das Verhältnis der Zusammenarbeit auf der formalen Seite.

Daneben gibt es eine informale Seite der Zusammenarbeit, das zwischenmenschliche Bündnis, die Vereinbarung, die im Zweifelsfall vor keinem Gericht eingeklagt werden kann, obwohl sie den Arbeitsalltag weitaus mehr bestimmt, als jeder rechtlich fundierte Vertrag. Solche Vereinbarungen bezeichne ich als *Psychologischen Vertrag* (vgl. S. 149), weil sie im allgemeinen auf den Grundlagen gegenseitiger Akzeptanz den Vertrauenskonflikt bilden.

Verhaltensändernde Gespräche von der Bedürfnisermittlung bis zur Konsequenz sind effektiver, wenn sie mit einem „Psychologischen Vertrag" abgeschlossen werden. Ein solcher Vertrag bedarf nicht unbedingt der Schriftform und muß im Sprachgebrauch auch keineswegs als solcher benannt sein. Vielmehr kommt es auf klare Absprachen an, die auf dem Fundament von Vertrauen, Einsicht und Selbststeuerung gedeihen. Angenommen, der Mitarbeiter zeigt ein Ihnen widerstrebendes Verhalten, zum Beispiel Unzuverlässigkeit. Sie führen ein Bedürfnisgespräch, vielleicht ein anschließendes Klärungsgespräch und möglicherweise auch das darauf folgende Fördergespräch mit Geduld und bester Absicht.

Obwohl Sie damit bessere Chancen der Verhaltensbeeinflussung haben als der Chef, der entweder die Unzuverlässigkeit hinnimmt und sich im Stillen ärgert oder mit Unmut oder Zorn darauf reagiert, kann es Ihnen passieren, daß die Gespräche nichts bewirken. Hier stellt sich dann die Frage, wer das Problem hat, der Chef oder der Mitarbeiter. Viele Chefs könnten ein gehöriges Quantum Ihres Stresses los werden, wenn sie dazu übergingen, konsequent Probleme dort anzusiedeln, wo sie hingehören.

Effiziente Führung setzt neben Menschlichkeit voraus, daß der Chef sich auf seine Qualität im Führen konzentriert und nicht noch obendrein zur Problemsammelstelle seiner Mitarbeiter wird. In manchen Chef-Mitarbeiter-Verhältnissen sind die Mitarbeiter die ewigen Gewinner, weil sie es mit Perfektion verstehen, ihre Chefs auf Trab zu halten. Autoritäre Führung bedeutet dagegen, daß der Chef gewinnt, indem er sich durchsetzt. Auf autoritäre Machtstrukturen zu verzichten kann nur heißen, daß beide, der Chef und der Mitarbeiter, zu den Gewinnern zählen, weil damit letztendlich wirkliche Zusammenarbeit begründet und erhalten wird. Denn einerseits kann „die Macht nicht milde genug aussehen" (Jean Paul), andererseits gilt das Goethe-Wort: „Freilich ist es auch kein Vorteil für die Herde, wenn der Schäfer ein Schaf ist."

Mit dem *Psychologischen Vertrag* kann ein Verhaltensänderungs-Abkommen geschlossen werden, das den Chef zufriedenstellt und für den Mitarbeiter zumutbar ist. Deshalb ist es wichtig, daß der Rahmen des Vertrages vom Vorgesetzten, der Inhalt aber vom Mitarbeiter kommt. Und zum Rahmen gehören die Vereinbarungsstufen:

— Was soll der Mitarbeiter ändern?
— Was passiert, wenn die Änderung ausbleibt?
— Wer kontrolliert den Vertrag und wie?
— Wer wird was zur Vermeidung von Wiederholungen tun?
— Was passiert, wenn der Mitarbeiter den Vertrag vorsätzlich bricht?
— Was ist besonderen Umständen zufolge sonst noch zu berücksichtigen?

Wenn solche Absprachen klar sind, hat der Chef im Falle des Scheiterns eine andere Interventionsmöglichkeit, als wenn Hoffnungen und Erwartungen vage und zweifelhaft besprochen wurden. Entweder das Problem ist vom Tisch oder der Chef kann — begründet! — die Basis der bisherigen Zusammenarbeit in Frage stellen, weil klare, im Detail festgelegte Absprachen vom Mitarbeiter offenbar ignoriert wurden. Denn wenn der Chef den Rahmen, der Mitarbeiter die Inhalte liefert — die dann nicht eingehalten werden —, darf der Chef ohne Bedenken in Zukunft enger führen, weil die weitestgehend auf „Selbstentfaltung" ausgelegte Führung gescheitert ist. Das kann mehrere Gründe haben, zum Beispiel daß der Mitarbeiter eng geführt werden will, daß der Mitarbeiter nicht ins System paßt, daß der Mitarbeiter sich überfordert fühlt oder — und dann müßte der Chef sich ändern! — der Mitarbeiter ein gestörtes Verhältnis zu seinem Chef hat, das er durch *Umgestaltungen* für sich lebbar macht. Diese heimliche Kriegsführung könnte in einem Bedürfnisgespräch aufgedeckt werden.

In Ausnahmefällen kann es begründet sein, daß der Chef die Inhalte des Vertrages mitgestaltet. Solche Ausnahmen sind dann gegeben, wenn der Mitarbeiter außerstande ist, die Inhalte zu formulieren, weil er sich nicht ausdrücken kann. Denkbar ist auch, daß der Mitarbeiter von seinem Chef Hilfe erwartet, weil er Orientierung braucht, bevor er festlegen kann, um welche Verhaltensänderungen er sich nun bemühen wird. Als Merksatz bleibt festzuhalten, daß der *Psychologische Vertrag* nur solche Inhalte haben kann, die der Mitarbeiter zum Zeitpunkt der Formulierung als seine eigenen ansieht, ganz gleich ob er selbst formuliert oder der Chef Formulierungshilfe leistet.

Im Umgang mit dem *Psychologischen Vertrag* gilt machen, anstatt darüber zu reden. Solche Verträge nehmen den Mitarbeiter in die Pflicht und entlasten den Vorgesetzten. Das Prinzip der Verantwortung lautet: der Mitarbeiter ist für die Qualität seines Handelns, der Chef für die Qualität seines Führens verantwortlich.

7. Soziopotentielle Netzwerke, eine Lektion für Vorstände und Geschäftsführer

Die folgenden Ausführungen richten sich eigentlich ausschließlich an Unternehmer, Vorstände, Geschäftsführer, diejenigen also, die von oben Einfluß auf das System nehmen können, ohne von Vorgesetzten abhängig zu sein. Für diejenigen, die auf den mittleren Sprossen der Hierarchieleiter Führungsarbeit zu leisten haben, kann dieser Teil des Buches aus zweierlei Hinsicht dennoch interessant sein. Sie können einerseits durch Führung von unten nach oben wirken, indem sie ihren Vorgesetzten Rückmeldungen geben über das, was nach ihrer Ansicht den Erfolg des Unternehmens bremst, und andererseits kritisch abwägen, ob denn die oberen Etagen tatsächlich die Verantwortung zu übernehmen haben, wenn der ein oder andere Fortschritt ausbleibt. Vielfach kommen Veränderungen nur deshalb nicht in Gang, weil die einen darauf warten, daß sich bei den anderen etwas regt. Die „Unteren" denken, sie dürften nicht, die „Oberen" glauben, die „Unteren" wollten nicht.

Was ist unter *soziopotenziellen Netzwerken* zu verstehen? Erst in neuerer Zeit machen sich einige Experten Gedanken über die Chancen durch vernetztes Denken, so zum Beispiel der Biokybernetiker Frederic Vester, die Betriebswissenschaftler Peter Gomez und Gilbert J. B. Probst und der Psychologe Dietrich Dörner. Solche Erkenntnisse setzen sich anscheinend nur schleppend durch, denn die Organisationslehre hätte schon Jahrzehnte früher Möglichkeiten gehabt, sich mit dem auseinanderzusetzen, was ich hier unter dem Stichwort „soziopotenzielle Netzwerke" anspreche. Würden wir Menschen uns mit dem vernetzten Denken leicht tun, so hätten zum Beispiel Wirtschaftswissenschaftler sich längst von Biologen über „Verhaltenskopplungen" zwischen Individuen in einem vernetzten System aufklären lassen.

Von zahlreichen „Verhaltenskoordinationen", die in der Natur vorkommen, will ich mich auf das Beispiel des Zusammenwirkens in einem Ameisenvolk beschränken. Ameisen sind „soziale Insekten" mit unterschiedlich zugeteilten Rollen und Aufgaben, die, miteinander koordiniert, das Leistungspotential des gesamten Volkes ausmachen. Unter ihnen gibt es unfruchtbare Weibchen, deren Aufgaben das Sammeln von Nahrung und deren Verteilung, die Aufsicht über die Eier und die Instandhaltung des Ameisenbaus sind. Die Männchen haben ihren Platz und ihre Funktion im Inneren des Baues, wo sich auch das einzige fruchtbare Weibchen, die Königin, befindet. Manche Weibchen sind mit riesigen Kiefern ausgestattet, mit denen sie großen Druck ausüben können, andere, kleinere Weibchen sind normale Arbeiterinnen. Alle Ameisen eines Volkes sind im Rahmen ihrer physiologischen strukturellen Dynamik eng miteinander gekoppelt und können nur überleben, wenn sie als soziale Gemeinschaft koordiniert miteinander verbunden bleiben. Die Funktionen einzelner sind klar zugeordnet und ergeben erst durch die Interaktion mit anderen einen Sinn.

Der Mechanismus der Kopplung besteht, wie bei anderen sozialen Insekten (Termiten, Bienen, Wespen) auch, im Austausch von chemischen Stoffen. Zwischen den Mitgliedern einer Kolonie wird ein ständiger Fluß von Absonderungen hergestellt, indem die Tiere sich beim Zusammentreffen gegenseitig den Mageninhalt austauschen. Aus diesem permanenten chemischen Austausch ergibt sich die Verteilung gewisser Stoffe über die ganze Population. Damit werden auch Hormone ausgetauscht, welche für die Differenzierung und Spezialisierung der Rollen verantwortlich sind. Interessant ist, daß die Königin nicht etwa durch Erbanlagen Königin ist, sondern dadurch zur Königin wird, daß die anderen Ameisen sie auf eine bestimmte Weise ernähren. Wird die Königin entfernt, führt das durch ihre Abwesenheit verursachte hormonelle Ungleichgewicht umgehend zu einer anderen Ernährung einiger Larven, die sich daraufhin zur Königin entwickeln. Die Ontogenese (Entwicklung eines Einzelwesens) des Individuums in einem Ameisenvolk ist abhängig von der Ontogenese der anderen (Quelle: Maturana/Varela).

Der Vergleich zwischen Ameisen und uns Menschen bietet sich deshalb an, weil wir durch Erfahrungen wissen, daß Menschen durch Meinungen und unterschiedliche Begabungen des Individuums ebenso voneinander abhängig sind wie soziale Insekten, die die chemische Kopplung zu ihrer Existenzerhaltung benötigen. Während wir bei Ameisen von einem „Netzwerk biochemischer Kopplungen" sprechen können, haben wir es beim Menschen mit einem Kopplungssystem mit psychisch-geistiger Abhängigkeit zu tun, das ich als *soziopotentielles Netzwerk* bezeichne. Das Individuum wird erst durch die Existenz anderer Individuen bedeutsam. Zwar ist ein einzelner Mensch — im Unterschied zur Ameise — durchaus überlebensfähig, jedoch unter starken Einschränkungen. Sein Wirken bleibt ohne Resonanz, sein Denken monophon und sein Aktionsraum beschränkt.

Zwischen 1918 und 1925 entwickelte der Mediziner und Sozialpsychologe Jacob Levi Moreno sein Konzept von der Soziometrie. In den Folgejahren war Moreno mit dem Versuch eines sozialen Wandels der „neuen Gesellschaft" beschäftigt, die alles andere als eine bürokratische werden sollte. Morenos Vorstellungen auf der Grundlage seiner Erforschungen der Gesetzmäßigkeiten in Gruppen sahen eine lebendige, menschenwürdige, schöpferische und damit stets wandlungsfähige Gesellschaft vor, in der das Ich sich im Wir wiederfindet. Die Bemühungen Morenos, seine Theorien, Methoden und das heute noch aktuelle Gedankentum habe ich ausführlich in meinem Buch „Auf dem Weg zur Organisation von morgen" (1989) beschrieben. Neben der Soziometrie hat Moreno ein die von ihm entwickelte Psychotherapiemethode bestimmendes Element eingeführt: den Rollentausch. Dabei handelt es sich um eine erlernbare Fähigkeit, einfühlend des anderen Rolle einnehmen zu können, also wach zu sein für das, was in einem anderen vorgeht (vgl. auch „Beim anderen sein" in diesem Buch, Seite 78 ff.).

Wenn Führungskräfte die Energie einzelner zu einem Netzwerk bündeln wollen, bedarf es
— der Fähigkeit, abgeben und teilen zu können,
— des Vertrauens in die Leistungsfähigkeit anderer und

— eines Verständnisses um die natürlichen Gesetzmäßigkeiten in menschlichen Gruppierungen.

Das heißt: Führer müssen lernen, aus ihrer Haut zu steigen, um für das aufmerksam zu sein, was in anderen vorgeht, und, mehr noch, um festzustellen, wie die eigene Situation mit der Brille eines Außenbetrachters aussieht (*Rollentausch*).

Vester reklamiert „eindimensionales Denken" und die daraus abzuleitenden existenzbedrohenden Folgen zubetonierter Landschaften, verseuchter Gewässer, störanfälliger Kernkraftwerke und insgesamt fehlgeleiteter Entwicklungsprogramme in Politik und Wirtschaft. An dieser Stelle wage ich die Prognose, daß das augenblickliche Interesse am vernetzten Denken eine Blume im Frühling ist, die keimt, wächst, aufblüht und wieder verwelkt. Mehr oder minder neigen Menschen zur Sensationslust und Effekthascherei. Dabei gelangen auch zukunftsgestaltende und -sichernde Ansätze in die Mühle der Modezyklen, wie Produkte und Anschauungen, weil im Grunde genommen jeder mit dem Strom der Masse schwimmt, die einen etwas mehr, die anderen eben auch. Führen bedeutet zwar die Bereitschaft zu ständigen Erneuerungen und Wandlungen, aber nur in den Dingen, die der Veränderung bedürfen. Führung bedeutet auch, andere zu Kontinuität anzuhalten und Gutes nur dann zu verändern, wenn es dadurch besser wird. Das dem entgegenstehende Problem ist der Profilierungsegoismus des einzelnen. Wenn das Denken in vernetzten Systemen ernsthaft angestrebt werden würde, hätten wir als Gattung Mensch eindeutige Vorteile. Die Natur scheint es diesbezüglich nicht besonders gut mit uns gemeint zu haben. Würde der einzelne absterben wie die Ameise, sobald er aus dem Netzwerk ausschert, so wären unsere Chancen für eine gesicherte Zukunft ungleich höher, weil wir den Ameisen das Denken voraus haben und damit Erkenntnisse zügig in Gegensteuerungsmaßnahmen umsetzen könnten. Mag sein, daß unsere Fähigkeit zur Sprache die Ursache dafür ist, daß wir lieber über die Dinge reden, als sie zu verwirklichen. Vielleicht bereden wir das Denken in vernetzten Systemen auch nur deshalb, weil wir zur Umsetzung unfähig sind? Ich setze meine Hoffnung darauf, daß Führer, die gelernt haben, eigene Interessen und egoistische Anliegen zugunsten der Gemeinschaft, für die sie einen Auftrag zu erfüllen haben, zurückzustellen, sich mit der Zeit durchsetzen werden.

In einem *soziopotentiellen Netzwerk* ist der Führer in einer Doppelfunktion tätig. Er agiert als Mitglied des Systems und steht zugleich außen vor, um vom Standort des Betrachters Ideen zu entwickeln, zu koordinieren und zu regulieren. Um mit Moreno zu sprechen, sollte er regelmäßig im „Rollentausch" mit dem System in Interaktion treten.

- Haben Sie sich Ihre Firma wirklich einmal von außen angesehen?
- Können Sie sich in die Rolle eines Bewerbers versetzen, der auf den Firmenparkplatz fährt, sich noch einmal den Briefbogen des Einladungsschreibens ansieht, den Empfang betritt und die ersten Worte eines Angehörigen der Firma hört („Was kann ich für Sie tun?"), im Besuchersessel wartet, um vorgelassen zu werden, und dann von seinem Gesprächspartner das Unternehmen geschildert bekommt?
- Haben Sie sich einmal in die Rolle eines Ihrer Mitarbeiter zu versetzen versucht, um mit seinen Augen die Firma zu sehen?
- Kennen Sie das Gefühl, das jemand in ein und derselben Situation hat, wenn er auf einem anderen Stuhl sitzt als Sie?
- Haben Sie einmal versucht, sich in Ihrer Rolle von außen zu betrachten?
- Wissen Sie, wie sich das Netzwerk der Beziehungen, Aufgaben, Zuständigkeiten in Ihrer Organisation aus der Ferne ansieht und wie sich das Bild verändert, wenn Sie Fuß um Fuß näher herantreten, bis Sie in das System eintreten?
- Was können Sie als Führer (von außen) tun?
- Mit welchem System haben Sie es zu tun?
- Gibt es Selbststeuerungsmechanismen, und wie funktionieren sie?

- Wo sind Grauzonen, wo konfliktträchtige Bereiche?
- Was ist in Bewegung?
- Was liegt brach?
- Wer partizipiert von Privilegien?
- Wer segelt im Windschatten, so daß äußere Bedingungen ihn blockieren?
- Nach welchen Kriterien sind Aufgaben und Kompetenzen verteilt?
- Wie stellt sich die eigene Situation im System dar?

Versuchen Sie, sich das *soziopotentielle Netzwerk* Ihrer Firma graphisch zu verdeutlichen, auf einem simplen Blatt Papier. Der Entstehungsprozeß, das Zeichnen des Bildes, ist wichtiger als das Bild selbst, deshalb sollten Sie die Aufgabe niemandem übertragen. Beginnen Sie in der Mitte des Blattes damit, darzustellen, was Ihnen zuerst einfällt, und zeichnen Sie alles übrige darum herum. Wenn Sie feststellen, daß Sie auf dem Blatt nicht weiterkommen, fangen Sie neu an. Verwahren Sie aber für spätere Analysen und Betrachtungen des Entstehungsprozesses *jedes* angefangene Blatt, numerieren Sie die Blätter gegebenenfalls fortlaufend. Diese Aufgabe muß nicht in einem Zug erledigt werden. Bei sehr komplexen Systemen ist es im Gegenteil vorteilhafter, sich mehrere Tage, jeweils für eine Stunde, damit zu beschäftigen.

Dem Netzwerk können verschiedene Themen vorangestellt werden, zum Beispiel „Leistungseinheiten", „Ziele", „Personen", „Abhängigkeiten".

Abbildung 14 zeigt fünf Kernleistungseinheiten, die für das Unternehmen tragende Säulen darstellen. Sie sind hier nach der für dieses Unternehmen gültigen Prioritätenreihenfolge „Kunden", „Mitarbeiter", „Gewinn", „Führung", „Produkte" gekennzeichnet. In einer weiteren Stufe der Betrachtung ist es nun möglich, den einzelnen Linien ein Plus (+) oder Minus (-) zuzuordnen, wodurch aufgezeigt wird, was der Veränderung bedarf. Wenn Sie sich nun ein weitestgehend reales Bild von Ihrem Unternehmen machen wollen, sollten Sie andere aus dem Unternehmen bitten, die Verflechtungen aus deren Sicht als graphisches Modell aufzuzeichnen, genau wie Sie, aus der Hand auf ein Blatt Papier gezeichnet. Erkenntnisreich ist es, die Wahrnehmung scheinbar objektiver Zusammenhänge seitens unterschiedlicher Personen übereinanderzulegen. Erst dadurch entsteht ein objektiviertes Bild vom Unternehmen. Die Kraft der Steuerung *soziopotentieller Netzwerke* steht im engen Zusammenhang mit der Bereitschaft seitens der Führung, möglichst viele daran zu beteiligen, das System zu durchleuchten, es zu begreifen, um es anforderungsgemäß verändern zu können.

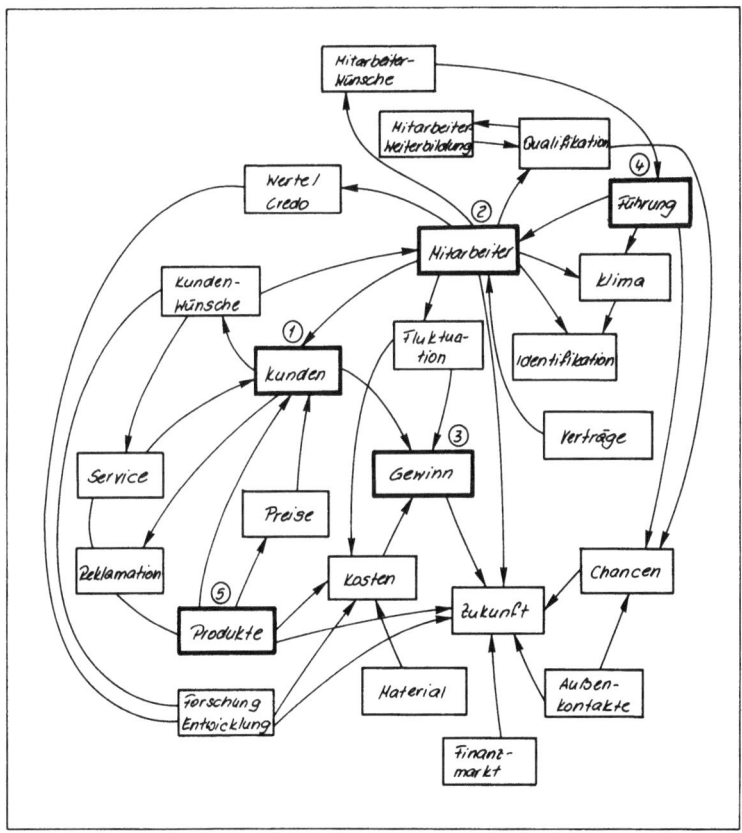

Abbildung 14: Muster eines Netzwerkes – Leistungseinheiten

Überhaupt halte ich viel davon, möglichst viele Personen in die Vernetzung mit einzubeziehen, wenn es darum geht, sich ein Bild vom Zustand der Firma zu machen. Es gibt Personalmanager, so zum Beispiel Heinz W. Kreuzig von Siemens, die öffentlich den Bedarf an „systemisch denkenden Führungskräften" lobpreisen. In der Folge solcher Verkündigungen wird die Zahl derer zunehmen, die sich dafür halten, und linear dazu die Zahl derer, die solche Führungskräfte suchen. Und schon wieder können wir eine neue Fassade glorifizieren, den „systemisch Denkenden". War gestern noch der „Coach" ganz oben auf der Trendsprosse der Managementleiter, vorgestern der „Kooperative", darf man voller Erwartung die Wirtschafts- und Managementzeitungen Seite um Seite im Auge behalten, was sie nun wohl für übermorgen anzukündigen haben. Hier wird nicht zeitgemäße, anforderungsgerechte Führungslehre vermittelt, sondern der Wühltisch der Management-News nach immer neuen Modebegriffen durchgekämmt. Das bringt weder die betroffenen, ständig neuen Bekundigungen ausgesetzten Mitarbeiter in Schwung, noch hilft es den Führungskräften, ihre Ziele zu erreichen oder Ergebnisse zu optimieren.

Statt nach „systemisch denkenden Führungskräften" Ausschau zu halten, sollten Sie als Unternehmer schlicht und lautlos damit anfangen, in Netzwerken zu denken, um das soziale Potential, die Kraft der motivierten Gruppe zu sehen und zu erhalten. Wir brauchen Tatendrang, nicht Plakate, realisierbare Veränderungen, nicht den Griff ins Unerreichbare. Wenn ich von der Steuerung *soziopotentieller Netzwerke* spreche, dann meine ich die Teams, Gruppen, Abteilungen in den Betrieben, die es, samt der in ihnen wirkenden Individuen, tatsächlich ins Boot zu holen gilt. Ist Ihnen ein Fall bekannt, oder können Sie sich eine Situation vorstellen, wo einem Ertrinkenden oder einem fröstelnden Schwimmer mit einem „Thesenpapier der zehn wichtigsten Ziele der Deutschen Rettungswacht" geholfen wurde? Da hilft nur eins: Tun, Zug um Zug, ohne lange Reden, ohne Strategiepapier, ohne Vertrag.

Mit einem zweiten Beispiel (Abbildung 15) eines Netzwerkes will ich eine Hilfe geben zur Anfertigung solcher Graphiken von Vernetzungen. Stellen Sie sich dazu vor, Sie würden ein Netzwerk aufzeichnen wollen, das Auskunft gibt über die Zuständigkeiten und Verantwortung eines Vorstandes.

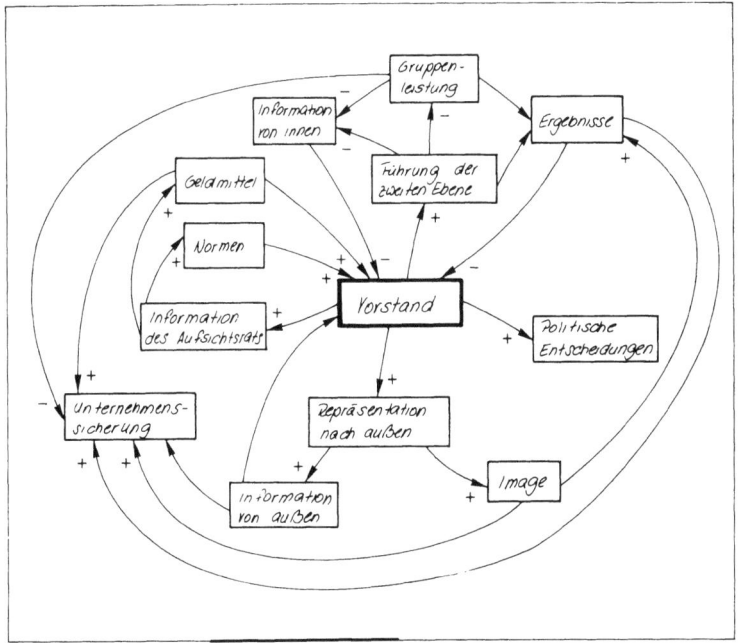

Abbildung 15: Muster eines Netzwerkes – Vorstandsaufgaben

Was erkennen Sie bei der Betrachtung des Bildes? Wo stellen sich Unzufriedenheiten ein? Wo sind Brüche, unlogische Zusammenhänge, Widersprüche?

Vorausgesetzt, ein solches Bild entsteht „aus der Hand" heraus, die von augenblicklichen Sichtweisen, Vorstellungen, Eindrücken, Momentaufnahmen, Meinungen gesteuert wird, unkorrigiert, ohne langes Nachdenken und ohne Bestrebungen zu einer Es-müßte-sein-Bildgestaltung, dann ist dieses Stück Papier mehr wert als Beratergutachten, Expertisen, Analysen und dergleichen mehr.

Fangen Sie bei der Erstellung solcher Netzwerkbilder in der Mitte an und stellen Sie sofort nach dem Zeichnen des nächsten Kastens die Verbindungslinie her, die Sie spontan mit einem Plus (+) oder Minus (-) versehen, dann haben Sie auf Ihrem Tisch nach Fertigstellung ein subjektives Kunstwerk liegen, das sich alleine dadurch objektivieren läßt, daß möglichst viele Beteiligte und Betroffene aufgefordert werden, zum selben Thema „ihr" Bild aufs Papier zu bringen.

Anstatt den „systemisch denkenden Manager" zu suchen, leistet sofortiges Umdenken einen wesentlich höheren Beitrag zum Wohle der ganzen Firma, der darin besteht, alle in der Firma zu diesem Denken in *soziopotentiellen Netzwerken* anzuhalten.

In den Firmen unserer Volkswirtschaft trägt der Erfolgskiller Nummer 1 den Namen „Egoismus". Jeder sieht zu, „seine" Vorteile zu sichern, „seine" Ansprüche durchzubringen, „seine" Anliegen zu plazieren, um damit „seinem" Wohlergehen eine sichere Zukunft zu bescheren. Das gewollte Netzwerk ist durch interne Wettkämpfe bedroht, die größtenteils die Reaktionen auf falsche Botschaften von oben sind. Wenn derjenige Beförderung erfährt, der am besten nach dem Mund reden und dem Management Streicheleinheiten liefern kann, demjenigen der Aufstieg sicher scheint, der durch Intrigen und Machenschaften „Konkurrenten" um die Gunst der Anerkennung bringt, stehen die Chancen um ein gesundes, auf natürlicher Ergänzung der Talente einzelner aufbauendes System schlecht. In einer solchen Kultur werden ein oder zwei „systemisch denkende Manager" so wenig ausrichten wie eine Orchidee auf einer Müllhalde. Systemisch zu denken und das ganze Netzwerk „von außen" zu sehen ist weniger eine Begabung als eine Bereitschaft, aus den gewohnten Denkrillen auszusteigen, den Panzer der Erfahrungs- und Bequemlichkeitsverkrustung abzuwerfen, gepaart mit gesundem Vertrauen in das Leistungsvermögen auch derer, die aussehen, als seien sie demotivierte Versager. Eine Raupe muß sich von ihrer Hülle trennen, wenn sie ein Schmetterling werden will. Die Kunst des Führens besteht darin, selbst aus der Hülle des Kriechtiers zu steigen und anderen dabei behilflich zu sein, Flügel zu bekommen.

Kennen Sie das Tanaland? Auf der Weltkarte werden Sie vergeblich danach suchen. Tanaland ist ein simuliertes Gebiet im Computer der Forschungsgruppe Dörner an der Bamberger Universität. Irgendwo in Ostafrika leben die Moros, Hirtennomaden, die sich von Rinder- und Schafzucht, sowie von der Jagd ernähren. Landesnatur, Population von Menschen und Tieren und ihre Zusammenhänge werden vorgegeben. Die Versuchspersonen, Dietrich Dörners eigentliche Experimentierobjekte, werden mit diktatorischer Allmacht ausgestattet, um für „das Wohlergehen der ganzen Region" von Tanaland zu sorgen. Sie können Staudämme bauen, Geburtenraten kontrollieren und alles unternehmen, was ihnen zur Hinführung auf das Ziel „Wohlergehen" wichtig und erforderlich erscheint. Der Computer gibt anschließend Auskunft über die Folgen der „Regierungstätigkeit". Der Führende kann aus dem vollen schöpfen.

Tanaland war nur der Anfang. Inzwischen hat die Bamberger Gruppe weitere Simulationsmodelle entwickelt und durch modifizierte Problemstellungen einen breiten Überblick über menschliches Verhalten in Führungssituationen gewinnen können. Das Fazit: In vielen Fällen verursachten die Aktivitäten der „Regierenden" folgenschwere Katastrophen. Reformen und Eingriffe, die aus der Sicht des Akteurs gut gemeint waren, verursachten ökologische Schäden kaum vorstellbaren Ausmaßes. Seit dem Bau des Assuan-Staudammes fällt die Vorstellung nicht schwer, daß Fehlaktionen und -reaktionen von Verantwortlichen und Fachleuten sich keinesfalls nur auf Computerspiele beschränken. Das Tanaland-Modell steht exemplarisch für die (leider theoretische) Erkenntnis, daß man mit einer Sache, die man tut, eine kaum absehbare Kettenreaktion auslöst. Menschliches Denken, Planen, Entscheiden und Handeln in komplexen Situationen ist zahlreichen Fehlerquellen ausgesetzt, die dann eingegrenzt werden können, wenn mehrdimensionale Gesichtspunkte berücksichtigt werden, anstatt einer zunächst attraktiv erscheinenden Einzellösung den Vorzug zu geben.

Großkonzerne leben, durch Beratermarketing angeheizt, vor, was kleinere Firmen vielfach auch dann noch nachahmen, wenn in den großen längst der Unsinn oder — gelinder — die Unwirksamkeit bestimmter Maßnahmen eingesehen wurde. Dabei wird selbst aus Fehlern von gestern relativ wenig gelernt. Die Verantwortlichen versuchen sich statt dessen über Aktionismus bei ihren Beobachtern (zum Beispiel dem Aufsichtsrat) in Szene zu setzen und werden durch positives Feedback von oben noch bestärkt. So machen in Deutschland ganze Heerscharen von Beratern ihr Geschäft mit vordergründig gut klingenden Eingriffen wie der Gemeinkostenwertanalyse oder ähnlich angelegten, wenn auch anders benannten Modellen. Die Vorliebe für Fassadenmanagement solcher Art ist unglaublich groß. Berater machen sich ans Werk, das Unternehmen mit dem erlauchten Ziel der Kostenreduzierung zu durchforsten. Die Rechnung geht auf. Das Beraterhonorar fällt geringer aus als die zu erwartende Einsparung. Das Unternehmen geht kein Risiko ein. Oder etwa doch?

Einige Tanaland-Ergebnisse verdeutlichen das erhebliche Risiko, das gerne verdrängt wird:

1. Häufig werden banale und triviale Fehler gemacht, die sich bei Kenntnis der Bedingungen durchaus vermeiden oder vermindern ließen.

Zum Beispiel spielen Menschen gedanklich die Gegenwart hoch, weil das Vergangene blaß und unscharf wird, sobald ein Ereignis Vergangenheit ist. Die ohnehin ungewisse Zukunft wird gar nicht oder so, wie es uns in den Kram paßt, ausgedacht. Das Bild über die zeitlichen Zusammenhänge und Zeitabläufe ist verzerrt. Zehn Jahre der Vergangenheit sind objektiv zwar so viel wie zehn Jahre der Zukunft und Gegenwart. Das Bild des Menschen von der Zeit gaukelt aber die zehn Jahre der Vergangenheit wie auch von der Zukunft als weniger vor als die zehn Jahre der

Gegenwart. Bei dieser Veranschaulichung habe ich den Zeitbogen weit gespannt. Das Problem dramatisiert sich mit der Abnahme des Zeitbogens. Hat der heutige Tag in der Wahrnehmung 24 Stunden, registrieren wir vom gestrigen nur noch einen Bruchteil davon und fixieren uns ähnlich reduziert auf den morgigen. Diagramme oder andere Visualisierungen können helfen, die Entwicklung einer bestimmten Situation auf einem Zeitstrahl zu objektivieren, um sich ein realitätsnahes Bild zu machen.

2. Systematische Zusammenhänge einschließlich der Fernwirkung von Prozessen werden außer acht gelassen.

So bleibt auch der Einfluß von bestimmten Multiplikatoren und Nebenwirkungen unberücksichtigt. Wenn ich ein Saatkorn lege, das Frucht trägt, entsteht daraus mehr als nur ein Grashalm. Der Augenblick gibt mir aber nur Feedback des Wachstums eines Grashalms. Wenn jemand in seinem Garten ein großes, tiefes Loch gräbt, die wasserdurchlässigen Stellen der Erdschichten mit Lehm abdichtet, dann hat er in seiner Wahrnehmung ein Loch gegraben und somit die Erdoberfläche neu gestaltet. Wenn er sich das Ergebnis seiner Tat nach Jahren ansieht, kann er die Kettenreaktion zwischen seiner Tat und dem vorliegenden Ergebnis nachvollziehen. Aus dem Loch wurde ein Biotop, das eine neue Kultur aus Pflanzen und Tieren geschaffen hat. Er hat das Loch gegraben und die wasserdurchlässigen Erdschichten abgedichtet, alles weitere ist aus einer seriellen Eigendynamik entstanden. Diese Eigendynamik wird bei Handlungen zu wenig abgeschätzt.

3. Anfangsfehler rächen sich, indem sie zu Katastrophen kumulieren, die ungeachtet ständiger Korrekturen aus der Kontrolle geraten.

So folgt Dörner, daß die Guillotinen der Französischen Revolution und die Lager des Stalinismus „aus den Idealen des Humanismus der Menschenfreundlichkeit und der Aufklärung" geboren sind. „Die gute Absicht ist etwas sehr Instabiles, und wenn sie nicht zum Ziel führt", artet sie in „Terror und Gewalt" aus. Zum großen Teil kommen solche Fehlentscheidungen zustande, weil Verantwortliche mehr wollen als das, was im Moment zu haben ist. Der Anfangsfehler besteht darin, ermuntert durch kleine Erfolgserlebnisse, alles ab jetzt Denkbare haben zu müssen. Die „Experten" des Tanalandes begnügen sich nicht mit kleinen Errungenschaften, sondern starten durch zur Radikalkur.

4. Ideale, gefestigte Meinungen und Zielerreichungszwänge machen blind für Fehlentscheidungen, obwohl solche vom Weg abführende Strategien frühzeitig ihre Schatten werfen.

Zur Verdeutlichung möchte ich auf die Gemeinkostenwertanalyse zurückkommen. Da wird die Euphorie der kurzfristigen Kostensenkung gefeiert, ohne die Stimmen der sich wehrenden Mitarbeiter zu hören. Der Prozeß an sich bekommt durch den Wettbewerb unter den Mitarbeitern (wer die besten Einsparungen vorlegen kann, ist der Größte) innerhalb des Systems eine Eigendynamik, die weder Vorstand noch Berater zu steuern in der Lage sind. Ihre Fähigkeit zur Kursänderung wird durch zwei Phänomene außer Kraft gesetzt: durch offensichtliche Erfolge im Einsparungsroulett und durch das Ausbleiben des zunächst befürchteten Widerstandes. Was sich dann aber tatsächlich bewegt, bleibt wegen des dritten Phänomens verborgen: Die Verantwortlichen hören und sehen, was sie hören und sehen wollen, nicht, was ist. Und so erkauft sich die Firma mit dem Preis der kurzfristigen Einsparungen langfristige Leistungseinbrüche, die durch die Zusammenrationalisierung auf kurzfristige Erfolgsträger die Folge sind. Das Spiel beginnt von neuem.

Die zerstörte Unternehmenskultur, die ein wichtiger Leistungsträger ist, wird mit viel Aufwand und Investitionen in Humankonzepte Schritt für Schritt neu aufgebaut, bis sie dann eines guten Tages erneut durch Brutaleinschnitte bis auf Keimreste gestutzt wird. So geben sich dann über Jahrzehnte die Berater der konkurrierenden Fakultäten die Tür in die Hand. Für ein paar Jahre die Rationalisten, in den nächsten Jahren die Humanisten. Als Berater kann ich damit zufrieden sein, als Unternehmer würde ich mich dagegen wehren.

5. **Ein weiterer von Dörner aufgespürter Fehler ist die „Vermengung von sehr unterschiedlichen Zielsetzungen in einem globalen Ziel".**

Meine betriebswirtschaftliche Diplomarbeit trug den Titel „Zielkonflikte und Zielkompromisse..." Das war 1975. Schon damals mangelte es nicht an Veröffentlichungen auf diesem Gebiet. Der Slogan der Französischen Revolution „Freiheit, Gleichheit, Brüderlichkeit" ist ein mahnendes, gleichwohl aber wenig Beachtung findendes Beispiel. Freiheit kann Unbrüderlichkeit bewirken, und Gleichheit hat Unfreiheit zur Folge. Tanaland-Kandidaten scheitern daran, Realisierungsbedingungen für konkurrierende Ziele in ihrer Betrachtung auszuklammern, was ihnen in diesem Punkt die Nähe zu den Vätern der Französischen Revolution sichert.

Ziele können als Orientierungshilfe sehr wohl aktuell gehalten werden, wenn sie im Laufe des von ihnen abgeleiteten Handlungsprozesses auf ihre Realisierbarkeit öfter überprüft werden. Dabei helfen nicht Tagesprobleme als Reflexionsschirm für Zielkorrekturen, sondern die Betrachtung längerfristiger Zusammenhänge, Bedingungen und Wechselwirkungen. So können kurzfristig die Bilanz verschönende Einsparungen den Kern des Humankapitals eines Unternehmens derart angreifen, daß Jahre vonnöten sind, um zum ursprünglichen Ausgangspunkt zurückzufinden. Wenn man die Leute zwingt, Kosteneinsparungen — egal wie — nachzuweisen, dann verlieren dieselben Leute den Blick für das Wesentliche in ihrem Aufgabenfeld, weil das Hauptziel nicht mehr lautet „Gewinn", sondern „Kostenreduzierung".

6. Schließlich bringt Tanaland die hoffnunggebende Erkenntnis ans Licht, daß Menschen sich sehr wohl für das Denken in vernetzten Zusammenhängen sensibilisieren lassen.

Wir denken zunächst einmal leichter in Kausalketten als in Kausalvernetzungen. Zum Denken in Vernetzungen bedarf es des Verständnisses dafür, wie konkrete Systeme, in denen Menschen der Mittelpunkt sind, über positive und negative Rückkopplungen realitätsnah analysiert werden können. Wir müssen — und können! — lernen, durch unbefangene Außenansicht solcher Systeme ihr „Flattern" (Dörner) frühzeitig mitzubekommen, um wirksam und systemgerecht gegenzusteuern. Wenn wir uns als Befangener im System aufhalten, neigen wir leichter zu unbedachten, reflexartigen Maßnahmen, als wenn wir Szenen betrachten und anhalten können.

Was ich meine, läßt sich am Beispiel eines Autos erläutern, das auf nasser Fahrbahn rutscht. Der Fahrer reagiert auf den Heckausbruch mit Panik und überaktiv. Anstatt das physikalische Ungleichgewicht zur Ruhe kommen zu lassen, bringt er es durch unangemessene Überreaktion in zusätzliche Unruhe. Würde derselbe Fahrer die Szene auf einem jederzeit anzuhaltenden Film verfolgen, könnte er die notwendigen Gegenmaßnahmen Stufe für Stufe einsetzen, probieren, verstärken oder wieder zurücknehmen. Er wäre nicht Befangener *im* System, sondern Beobachter und Analytiker *des* Systems.

7. Ein weiteres Problem besteht darin, daß ein Zwischenziel zum Endziel wird.

Dörner spricht in seinem jüngsten Buch „Die Logik des Mißlingens" (1989) von „Zielentartung". Dazu will ich noch einmal die Gemeinkostenwertanalyse bemühen, um bereits Gesagtes zu ergänzen. Daß ein auf Wirtschaftlichkeit ausgerichtetes Unternehmen seine Kosten auf einem möglichst geringen Niveau halten muß, versteht sich von selbst, auch ohne Betriebswirtschaftsstudium. Nach produktiven und unproduktiven Kosten zu unterscheiden, halte ich für so wichtig, daß jeder Mitarbeiter ein genaues Bild davon haben sollte, wann Kosten, die er verursacht, produktiv und wann unproduktiv sind. Ab dem Tage X stellt sich nun die Frage, was seitens der Führung falsch gemacht wurde, daß eine Gemeinkostenwertanalyse erforderlich wird. Das Ziel „Kostenreduzierung" kann immer nur ein Zwischenziel sein, denn das Endziel so zu formulieren wäre glatter Blödsinn. Wenn also Managementversäumnisse eine Untersuchung der Kostenstruktur erforderlich machen, weil das Management in der Vergangenheit für ein gesundes Kostenbewußtsein bei allen Mitarbeitern zu wenig getan hat, dann ist es erstens logisch und konsequent, die Dinge beim Namen zu nennen, und zweitens notwendig, gemeinsam mit den Mitarbeitern ein Programm der Kostenoptimierung zu schaffen, das, angelegt auf einen gesunden Zielzeitraum, alle unproduktiven Kosten ausräumt. Wenn Mitarbeiter den Unterschied zwischen „produktiv" und „unproduktiv" lernen und materiell oder immateriell für die Konzentration auf ausschließlich produktive Kosten belohnt werden, steht ein vernünftiges Endziel, nämlich „ertragsorientiertes Wirtschaften" im Raum. Statt dessen wird mit der klassischen Gemeinkostenwertanalyse die Kreativität der Betroffenen herausgefordert, Kosten umzutopfen, oder der Wahn heraufbeschworen, einzusparen, koste es, was es wolle.

8. Das menschliche Gehirn ist anpassungsfähig und jederzeit reprogrammierbar.

In bestimmten Situationen beeinflussen Gefühle das Denken, so daß es sich zum Beispiel unter Streß, in Panik, Angst, Zorn oder Freude weit von der Realität entfernt. Wir denken, was wir wollen, und das ist manchmal weit von dem entfernt, was gut für uns oder das System wäre. Hilfreich ist es, sich in solchen Situationen von außen zu betrachten, um mit Abstand zu sehen, was da in uns vorgeht. Das ist erlernbar.

Daneben gibt es ein fatales Phänomen von Denkfehlern, das durch die Tendenz des Gehirns zur guten Gestalt entsteht. Das

Gehirn kann nur schwer mit Nicht-Lösungen leben, es verlangt nach einer Antwort, und seien sie noch so vage, unbegründet und substanzlos. Diese Tendenz zur guten Gestalt führt auch dazu, daß Extremen der Vorzug gegeben wird. So sind einige von uns Methodenfetischisten, andere dem rational-analytischen Denken ganz und gar verfallen, und wieder andere gehen total in Mystik oder Esoterik auf. Naturwissenschaftler glauben an die Objektivität ihrer Wissenschaft, Geisteswissenschaftler belächeln die Naivität der Beweiserbringungs-Handwerker. Aber es bedarf nicht einmal solcher betriebsübergreifenden Beispiele. Jeder kann den Rivalitätskampf zwischen Abteilungen und Bereichen in seiner Firma verfolgen, der manchmal sogar vor der obersten Leitung nicht haltmacht. Da wird auf der Bühne des Vorstandes ein spannendes Lustspiel von Revierkämpfen geboten, die allzuschnell zu einem bitteren Drama werden.

9. Tanaland zeigt auch auf, daß es keine natürliche Grenze gibt, ab der Menschen komplexen Systemen hilflos gegenüberstehen.

Das menschliche Gehirn kann durch Training Tausende von Variablen auf einmal begreifen und überblicken, es wird quasi durch höhere Anforderungen klüger. Eine Kapazitätsgrenze konnte bisher nicht nachgewiesen werden. Soweit es sich um Systeme handelt, mit denen der Mensch vertraut ist, zeigt sich das Gehirn in seinem Leistungspensum schier unerschöpflich. Das Autofahren verlangt dem Lenker eine kaum vorstellbare Menge von Einzelleistungen ab, die obendrein nur miteinander koordiniert einen Sinn ergeben. Gasgeben, lenken, die Straße im Auge behalten, das Verhalten anderer einkalkulieren, Verkehrszeichen beachten und auswerten, gegebenenfalls schalten, den Blinker setzen, Radio hören, das Gespräch mit Mitfahrenden weiterführen, all diese Einzelleistungen werden so sehr zu einem Bündel von Routine verknüpft, daß jedes Ausscheren aus der Gewohnheit schwerfällt oder zur glatten Überforderung führt. Das ist zum Beispiel dann der Fall, wenn auf der vertrauten Wegstrecke urplötzlich Verkehrsführungsänderungen vorgenommen wurden, die Vorfahrt neu geregelt ist oder gar eine Ampel steht, wo bisher keine zu finden war.

Der Mensch bleibt in seinem gewohnten Programm. Je tiefer die Programmrillen gespurt sind, um so schwerer fällt das Ausbrechen aus dieser Rigidität. In der Wissenschaft wirkt sich dieses Phänomen als Entwicklungsbremse aus, weil Forschung und Prognose miteinander verwechselt werden. Eine qualifizierte Prognose läßt sich nur schwer aus Forschungsergebnissen ableiten, weil der Griff in die Konserve den Blick für das Neue verschleiert. Dörner: „Wir sollten lernen, nicht so sehr in der Fortschreitung von Entwicklungen, sondern in Szenarien zu denken, das heißt wir sollten lernen, die Interaktion der Variablen des Systems zu beachten."

Wie steht es also wirklich um das Risiko, das ein Unternehmen durch unüberlegte kultureingreifende Maßnahmen eingeht? Die Gemeinkostenwertanalyse hatte ich nur als Beispiel erwähnt. Das Risiko ist erheblich, weil Kunsteingriffe in eine auf natürlicher Interaktion und Dynamik aufbauenden Kultur in der Natur gleichermaßen waghalsig sind, wie in einem gewachsenen Unternehmen. Wer in seinem Ziergarten die Läuse an den Rosen mit chemischen Kampfmitteln vertreiben will, darf sich allenfalls über einen kurzfristigen Erfolg freuen. Zunächst einmal fallen die Tierchen von Blatt und Stiel, um dann immunisiert mit gestärkten Kräften den Kampf gegen den unverständigen Rosenliebhaber aufzunehmen. So sparen die Mitarbeiter unter dem Druck des Kostenkrieges tatsächlich für einen begrenzten Zeitraum, um später, wenn die Maßnahme für jedermann vergessen ist, erneut aus dem vollen zu schöpfen. Der Dampfkessel wurde für einen Moment durch Auflegen eines Gewichtes dicht gehalten, mehr ist nicht passiert. Am Tage danach kursieren plausible Erklärungen, die mit der dann neuen, unvergleichbaren Situation bebildert werden, und niemand wagt sich, den Unsinn von gestern öffentlich anzuzweifeln, geschweige denn, daraus für die Zukunft zu lernen.

Es gibt ausgesprochen human eingestellte Wissenschaftler und Unternehmensberater, wie zum Beispiel Burkhard Sievers, Lehrstuhlinhaber für Organisationsentwicklung in Wuppertal, die öffentlich dafür eintreten, den Menschen als gegenüber der Organisation „gleichwertig" anzusehen. Das ist ohne Zweifel ein Denkansatz, der, bezogen auf die vielerorts anzutreffende Realität, in die richtige Richtung führt. Trotzdem kann ich mich mit einer solchen Forderung nicht anfreunden, weil sie grundlegend falsch formuliert ist. Der Mensch ist nicht gleichwertig, sondern das Zentrum der Organisation, alles übrige, Technik, Systeme, Strategien sind Hilfskonstrukte für sein Wirken. Die Führungskräfte, die dem Menschen den Vorzug vor allem anderen geben und anfangen, das Übergewicht der Technokratie und des Instrumentalismus abzubauen, sind auf dem richtigen Weg. Dabei denke ich keineswegs an die Demontage von EDV-Anlagen und computergesteuerten Produktionsanlagen, sondern vielmehr an eine stufenweise Verbannung der zahlreichen Führungsinstrumente, vom als objektiv geglaubten Personalbeurteilungsverfahren bis hin zu staubfangenden Stellenbeschreibungen, die so theoretisch formuliert sind, daß kaum jemand den gelebten Alltag damit in Verbindung bringt.

Bei Topmanagern und anderen Führungskräften gibt es eine Sehnsucht nach Objektivität, die Realität heißt aber Subjektivität und wird allzu gerne verdrängt. Führungskräfte glauben zuweilen, mit Skalenwerten Mitarbeiter beurteilen zu können, und schaffen sich sodann trügerisch-objektive Beurteilungskriterien, innerhalb derer jeder in das Skalenschema von eins bis sieben paßt: eins gleich beste Kommunikationsfähigkeit, sieben gleich mangelnde Kommunikationsfähigkeit. Solche Kriterien lauten „Fachkenntnisse", „Leistungsbereitschaft", „Motivation", „kritisches Denken", „Einsatzbereitschaft", „Zielsetzung", „Selbständigkeit", „Urteilsvermögen", „strategische Planung", „Überzeugungskraft", „Ausdauer", „wirtschaftliches Denken", „Flexibilität", „Durchsetzungsvermögen", „Organisationsfähigkeit", „Verantwortungsbewußtsein", „Innovationsfreude", „Zuverlässigkeit", „Selbstvertrauen" und dergleichen mehr. Der Anspruch nach gerechter Beurteilung scheint für beide Seiten, den Chef und den Mitarbeiter, erfüllt. Für den Mitarbeiter stimmt die Rechnung, wenn er günstig abschneidet, der Chef ist zufrieden, daß er wieder einmal exemplarisch Führungsarbeit verrichtet hat. Eine trügerische Zufriedenheit, die keinen von beiden wirklich voranbringt. Jahr für Jahr werden dann erneut Punkte vergeben. Je mehr der Mitarbeiter seinem Chef schmeichelt, um so besser kommt er in der nächsten Beurteilung weg.

Solche Scheingeschäfte finden auch mit anderen instrumentellen Ablenkungsmanövern statt, zum Beispiel mit Stellenbeschreibungen. Der Mensch freut sich, wenn er etwas in der Hand hält, als Geländer gewissermaßen für eine solide (Schein-)Struktur. Nichts gegen Stellenbeschreibungen, die vor Lebendigkeit und Aktualität strotzen, weil sie immer so angepaßt werden, daß sie das widerspiegeln, was da tatsächlich auf dem Arbeitsplatz passiert. Aber welches Unternehmen kann sich schon solcher permanent dynamischer Dokumente rühmen? Die gängige, zumindest mir bekannte Praxis sieht so aus: Der Personalchef regt Stellenbeschreibungen an. Erhebungen werden durchgeführt, Entwürfe geschrieben, überarbeitet, erneut modifiziert, dem Stellenbeschreibungsausschuß vorgelegt, verabschiedet, verteilt und ... abgeheftet. Der letzte Vorgang in dieser Sache ist die wichtigste Maßnahme, denn nur abgeheftet erfüllen sie Ihren Zweck, diese Stellenbeschreibungen, die so aktuell sind wie die Zeitung von vorgestern.

Ähnlich kritisch denke ich über Führungshandbücher, in denen von der „Technik der Delegation" bis zur „Kontrolle" alles beschrieben steht, was der Führende zu beachten hat. Solche blutleeren und leblosen Schubladenfüller lenken nur vom Wesentlichen ab. Anstatt sich damit aufzuhalten, sollte jeder Führer sein System begreifen lernen, das ihn umgibt, das heißt, sich selbst als System, mit allen seinen Strategien, Vorlieben, Fähigkeiten, Blockierungen und die Firma oder die Abteilung, für die er als Systemkoordinator zuständig ist. In einem permanenten Rückkopplungsaustausch zwischen dem System und ihm als Person wird das System das meiste von ihm haben, und er wird bestehen können.

8. Das Gewinnspiel „Führung"

Was ist Führung wirklich? Ganz sicher nicht das Ausüben von Macht. Ganz bestimmt nicht das Verwalten von Sachangelegenheiten. Auch nicht das Besteigen des hohen Throns, der zwar den Anschein von Übersicht suggeriert, in Wirklichkeit aber einsam und hilflos macht. Dagegen bedeutet Führung

— in die Mitte treten und andere um sich versammeln,
— die Mitarbeiter positiv anzünden, den Duft von Leistung und Erfolg verbreiten,
— Mitdenken fördern und eigenständiges Handeln ermöglichen,
— die Leistungsträger der Firma wahrnehmen und fördern,
— eine auf Eigendynamik angelegte Leistungsgemeinschaft schaffen und durch Anregungen, Koordination und Zielabsprachen wach halten,
— mächtig mit den anderen sein,
— gesunde Beziehungen zulassen und stabilisieren,
— Qualität verlangen, leidenschaftlich und ohne Kompromisse,
— gerecht, menschlich und kalkulierbar sein,
— dirigieren, ohne die erste Geige spielen zu wollen,
— vorleben, was für andere nachahmenswert sein soll,
— mit sich selbst im Einklang sein, um anderen Orientierung zu geben,
— Selbstvertrauen, Mut und positive Gefühle als Wert der Gemeinschaft stützen,
— sensibilisieren, konkretisieren, korrigieren,
— Realitäten akzeptieren und das Machbare anstreben,
— natürlich sein,
— Spielraum geben,
— Konflikte lösen,
— Interessen und Energien nutzen,
— Anreize schaffen,
— das Netzwerk sehen, verstehen und optimieren.

Die Details für qualifiziertes Führen dürfen nicht darüber hinwegtäuschen, daß Führen im substantiellen Kern der Existenzberechtigung für Führer nur eines bedeutet:

Andere erfolgreich machen!

Andernfalls wird der Führer zum Selbstverwalter, Hürdenläufer oder Hindernis. Ich kenne von mir drei Meinungsepochen zum Thema Führen. Am Anfang glaubte ich, daß Führer so etwas wie ein Stellwerk sind, eine Denk- und Machtzentrale für Gelingen oder Mißlingen, von denen letzten Endes das geistige Potential des Unternehmens ausgeht. Hätte diese Ansicht ihre Gültigkeit bewiesen, dann müßten Unternehmen immer dann Einbrüche erleiden, wenn die geistigen Köpfe ausgetauscht werden, die zuvor nicht wegzudenken waren. Das ist aber nicht der Fall. Zwar ändern sich die Ziele, die Leitsätze und ein paar andere Dinge, wenn ein Mächtiger geht, in der Regel gewöhnt sich aber ein Unternehmen derart schnell an den Neuen, daß nur von einem Umtopfen, nicht von einem Neubeginn die Rede sein kann. Konzerne wie VW und Daimler-Benz wurden von sehr unterschiedlichen Hausherren geprägt, die in der Zeit danach kaum vermißt wurden, obwohl sie in Zeiten ihrer Amtsausübung negativ wie positiv als Denkzentrum schlechthin galten: Nordhoff, Leiding, Schmücker, Zahn, Breitschwerdt. Viele glauben heute an den genialen Macher des BMW-Konzerns und fürchten, ihn schwer ersetzen zu können. Aber wenn sich der Konzern ein Jahrzehnt weiter kaum noch der Zeit mit Eberhard von Kuenheim erinnert, wird er sich mit Hahn, Reuter und Niefer trösten können, daß sie zumindest in ihrer Amtszeit gleichermaßen unersetzlich schienen. Führer machen sich gerne unersetzlich und übersehen, daß sie ohne die Heerscharen der Leistungsträger (der Mitarbeiter auf allen Hierarchieebenen) ein ziemlich unbedeutender Faktor wären, eine besonders gut ausgestattete Kostenstelle, nichts weiter.

Einige Jahre nach diesem Irrtum, Führer als Denk- und Machtzentrale anzusehen, war ich davon überzeugt, daß eine Firma gut auf Führung verzichten kann, weil motivierte Menschen das Gelingen aus eigenem Antrieb und ohne permanente Regulation von oben viel besser in den Griff bekommen. Ich war geradezu fasziniert von dieser Vorstellung einer auf Selbstverwaltung aufgebauten Welt, in der jeder gleiche Rechte besitzt und niemand Vorschriften und Anweisungen zu erdulden hat, zumal wenn sie von seiner Vorstellung abweichen. Meine Überzeugung ging so weit, daß ich für alle Modellversuche mit hierarchiefreien Organisationen aufgeschlossen war, bis ich die humanistische Utopie erkannte, die nicht einmal humanistisch ist, weil sie zu Verwahrlosung, Rivalität und nutzlosem Chaos führt.

Das vorliegende Buch ist in meiner dritten Meinungsepoche entstanden, die auf Erfahrungen, Modellanalysen und einer Vielzahl von Meinungen aufbaut und vor allem meine Zeit als Geschäftsführer einer stetig expandierenden GmbH mit einbezieht. Und mit dieser Erkenntnis möchte ich meine Anregungen, Mahnungen, Beispiele und Instruktionen abschließen:

- Ein Führer darf Fehler machen, nur nicht den, sich für unersetzbar zu halten.
- Ein Führer darf Ecken und Kanten haben, nur nicht solche, an denen sich die Mitarbeiter so sehr reiben, daß sie dadurch von ihrer Arbeit abgehalten werden.
- Ein Führer darf Prägestempel seiner Firma/Abteilung sein, wenn er damit die Mitarbeiter nicht erdrückt.
- Ein Führer darf eigene Ansichten und Meinungen haben, wenn er andere daran beteiligt.
- Führer sind nicht das Gehirn, wohl aber das Herz des Organisationskörpers!

Literatur

Bandler, Richard/Grinder, John: Metasprache und Psychotherapie — Struktur der Magie I. 1981

Dörner, Dietrich, u. a. (Hrsg.): Lohhausen. Vom Umgang mit Unbestimmtheit und Komplexität.

Dörner, Dietrich: Logik des Mißlingens. 1983

Drucker, Peter F.: The Frontiers of Management. 1986

Grinder, John/Bandler, Richard: Kommunikation und Veränderung — Struktur der Magie II. 1984

Grinder, John/Bandler, Richard: Therapie in Trance. Hypnose: Kommunikation mit dem Unbewußten. 1984

Hawking, Stephen W.: Eine kurze Geschichte der Zeit. Die Suche nach der Urkraft des Universums. 1987

Maturana, Humberto R./Varela, Francisco J.: Der Baum der Erkenntnis. 1987

MacLean C.: The Wolf Children. 1977

Peters, Thomas J.: Kreatives Chaos. 1988

Peters, Thomas J./Waterman, jun., Robert H.: Auf der Suche nach Spitzenleistungen. 1983

Peters, Thomas J./Austin, Nancy: Leistung aus Leidenschaft. 1986

Saaman, Wolfgang: Alternatives Führen. 1984

Saaman, Wolfgang: Auf dem Weg zur Organisation von morgen. 1989

Vester, Frederic: Leitmotiv vernetztes Denken. 1988

Stichwortverzeichnis

A
Abhängigkeiten 166
Abmahnen 153
Abwehr 147
Aktionismus 113, 115 ff., 172
Analysen 169
Anforderungen 147
Anordnungen 141
Anreize schaffen 183
Anschuldigungen 67
Anweisungen 59 ff., 144, 153, 185
Arbeitsklima 13
A-Typ 40 f., 57 f.
Aufgabengespräch 127
Auseinandersetzung 154
Ausstrahlung 101
Austin, Nancy 98
Autoritäre Führung 158

B
Bedürfnisgespräch 129, 134, 137, 143 f., 146, 150 f., 154, 157, 159
Bedürfnisse 133 ff., 137 ff.
Bengalische Wolfskinder 89
Beobachtungen 146
Bestrafung der Aktivität 40
Betriebsklimaanalyse 79
Beuge-Typen 42
Beurteilungsgespräch 59, 151
Beziehungsebene 125
Bilanzbuchhalter 20 ff.
Blockierungen 181
Botschaft 49, 53, 58
B-Typ 40, 42, 57 f.
BVW (Betriebliches Vorschlagswesen) 111

C
Chef-Mitarbeiter-Verhältnis 64
Chorgeist 60

Coach 168
Cohn, Ruth 65

D
Delegation von Verantwortung 35
Denken in vernetzten Systemen 164, 171, 176 f.
Denkfehler 20, 177
Dialektik 76, 116
Dirigent 28 ff., 45, 151, 183
Dörner, Dietrich 161, 173, 175 f., 179

E
Ebner-Eschenbach, Marie von 9
Effiziente Führung 55, 76, 143, 158
Effiziente Mitarbeiter 55
Egoismus 170
Eigendynamik 40, 173 f., 183
Einschmeichler 104
Einsicht 157
Entwicklungsgespräch 121, 128
Erfahrungen 16
Erfolg 40, 109, 183
Erfolgskiller 170
Ergebnisgespräch 128
Erickson-Modell 82

F
Fähigkeiten 60
Fassadenmanagement 172
Feedback 39, 76, 106, 147 ff., 150, 161, 172 f.
Feedbackgespräch 148
Fehlentscheidungen 59, 174
Fehler 10, 17, 38, 41
Fehler vermeiden 52
Flexibilität 117, 121
Förderer 28, 30 ff., 45, 151
Fördergespräch 130, 144, 146, 148, 150 f., 154, 157

Förderkontrolle 150
Fördermaßnahmen 134, 147f., 150f.
Förderziele 150
Freiheit 39, 60
Freiräume 16, 35
Fremdwahrnehmung 55
FüduPe 113
Führer 9, 17, 19, 22, 27, 30, 185
Führertypen 20
Führung 9, 13, 15, 31 ff., 79, 96, 166
Führungsaufgaben 117
Führungseigenschaften 19, 32
Führungsinstrumente 45, 59, 180
Führungsleistungen 33
Führungsleitlinien 34, 59
Führungsleitsätze 45, 88
Führungspersönlichkeiten 45
Führungsrolle 16, 31
Führungsstil 10, 19
Führungstechniken 10, 13, 45
Führungstheorien 14
Führungstraining 28, 114
Führungsverantwortung 64, 74
Führungsverhalten 16, 32

G

Galilei, Galileo 22
Gefühle 145f., 177
Geheimrat 22ff.
Gehirn 27, 49ff., 77, 88, 177f.
Gehorsam 60
Gelassenheit 115, 143
Gemeinkostenwertanalyse 172, 174ff.
Genialität 25
Gerechtigkeit 156, 183
Gerüchteküche 39
Gesprächsformen 143
Gesprächsführung 132
Gesprächsmuster 132
Gewinn 166, 175
Gewinner 158
Gewohnheiten 141
Gipfelstürmer 33, 41f.

Glaubwürdigkeit 152
Gomez, Peter 161
Gruppe 30f., 33, 60, 104, 111, 117, 135f., 146, 168

H

Handeln 171
Handlungshysterie 116
Hawking, Stephen W. 13
Hierarchiefreie Organisationen 185
Hierarchieleiter 161
Hineinhören 81f., 84, 87f., 139
Hintergrundfragen 56, 69f., 75, 92, 135, 144, 147
Humanität im Führen 152
Humankapital 175

I

Ich-Formulierungen 65
Ideen 16
Image-Kratzer 101
Imitation 16, 91
Innere Kündigung 39
Innovationsgespräch 127
Interventionsmöglichkeit 159
Intrigen 104, 170

J

Ja-Sager 42, 60, 112
Ja-Signale 49, 77

K

Kapazitätsgrenze 178
Katastrophen 173
Kausalvernetzungen 176
Klärungsgespräch 130, 144ff., 151, 153f., 157
Klarheit 33, 54, 66, 145
Körpersprache 73, 82, 91f.
Körpersprachliche Symbole 92
Kollektive Mitteilungen 56, 71ff., 135, 139, 147, 152

Kommentierende Adjektive 86
Kommunikationsfähigkeit 180
Kommunikationsmuster 49
Kommunikationsverzerrungen 83, 87
Kompetenz 108
Konflikte 134, 152 ff., 183
Konfliktgespräch 130, 145, 151, 153 f.
Konfliktvermeidung 152
Konkurrenten 106
Konsequenzen 133 f., 150 f., 153, 155 f.
Konsequenzgespräch 131, 150, 155 ff.
Konstruktive Kritik 147
Kontrolle 155, 173, 181
Kooperativer Führungsstil 14
Koordinator 9, 145
Korrekturen 173
Kostenbewußtsein 177
Kostenreduzierung 172, 175
Kostenstruktur 177
Kreativität 40, 60
Kreuz- und Querdenken 39
Krisen 145
Kritik 109, 132 f., 147 f.
Kritikgespräch 59, 132, 147
Kündigung 153, 155 f.
Kunden 106, 108 ff., 166
Kybernetik 147

L

Lautsprache 73
Leidenschaft 105, 109
Leistung 16, 20, 104, 183
Leistungspotentiale 162
Leistungsträger 183 f.
Leistungswettbewerb 106
Lenkender Impuls 56 ff., 61, 63, 65, 69, 72, 74, 147, 152
Lewin, Kurt 14, 148
Lob 133
Lobgespräch 133, 147

M

Macht 15, 60

MacLean, C. 89
Makro-Mikro-Umkehrschluß 112
Management 9, 29, 33, 79, 96
Managen 9, 13, 14, 28, 33
Man-Formulierungen 75
Marketing 110
Matrix Gesprächsmuster 129, 131
Maturana, Humberto 88, 90, 162
Mensch 180
Mensch-zu-Mensch-Beziehung 61
Mißerfolg 40
Mitarbeiter 106, 110 ff., 166
Mitarbeitergespräch 59, 119 f.
Mitdenken 14, 105, 183
Mitempfinden 155
Modalwörter 84
Monotonie 116
Moreno, Jacob Levi 163
Motivation 25, 34, 154
Motivationsprogramm 13
Motivationstheorie 34
MTU 123

N

Nachahmung 106
Nähe 16
Negationsmuster 55
Nein-Signal 49
Nervensystem 89 f.
Netzwerk 164 ff.
— Vorstandsaufgaben 169
Neurobiologische Verhaltensprogramme 121, 135
Newton, Isaac 22
Nominalisierungen 82
Non-personale Gespräche 120
Null-Fehler-Programm 48

O

Offene Tür 113
Offenheit 38 f.
Optimierung 96, 99, 104, 108, 117 f.

Organisationsentwicklung 180
Organisationstherapie 42
Orientierung 15f., 47, 183
Originalität 33f., 101, 105

P

Panik 176f.
Paradoxe Botschaften 50, 53ff.
Passivität 116
Patenschaften gründen 111
Persönliche Aussagen 56f., 61ff., 67f., 70f., 74f., 86, 138, 140ff.
Persönlichkeit 16, 33, 42, 76, 101, 113, 151
Personalbeurteilungsverfahren 180
Personale Gespräche 120, 122, 124, 132f.
Peters, Tom 98
Pflichten des Führers 77
Pioniergeist 25
Planung 80, 171
Prinzip der Verantwortung 159
Probst, Gilbert J. B. 161
Produktivität 37, 177
Psychologischer Vertrag 149, 157ff.

Q

Qualifizierte Führer 10, 13, 45, 184
Qualität 37ff., 48, 96ff., 101, 104f., 109, 111, 117, 148, 159, 183
Qualität eines Mitarbeiters 38
Qualitätsmängel 48
Qualitätssicherung 97
Qualitätssteigerung 48, 117
Qualitätsstandards 117
Qualität-vor-Quantität-Programme 113
Querdenken 16, 41, 165

R

Rational-analytisches Denken 178
Rechtfertigung 63, 122, 147

Reflexionsgespräch 150
Rezepte 144
Rivalitätskampf 178
Rollentausch 138, 163ff.
Rückkopplung 73, 76, 147, 176

S

Sachangelegenheiten 120, 122
Sachbezogenes Gespräch 121, 124, 129
Sachverstand 79
Schein-Struktur 181
Schulz v. Thun, Friedemann 66
Schutzraum 122
Selbsteinschätzung 19
Selbstentfaltung 159
Selbststeuerung 157
Selbstvertrauen 183
Sicherheit 122
Sievers, Burkhard 179
Simulationsmodelle 171
Soziale Verantwortung 152
Soziometrie 31, 163
Soziopotentielles Netzwerk 161, 163, 165ff., 170
Spezialisten 30
Spielraum geben 183
Spontaneität 117
Sprachgewohnheiten 87
Sprachverhalten 55
Stellenbeschreibungen 180f.
Strategien 180f.
Strategiepapiere 110, 117, 144, 168
Streicheleinheiten 109, 170
Streß 177
Streßminimierung 122
Systeme 180
Systemisch Denkende 168, 170

T

Tanaland 171f., 174ff., 178
Teams 168
Transparenz 145

Trennung von Sache und Person 122
Trotzpotential 53 f.
Tu-es-Botschaft 54

U

Umgestaltung 136 f., 144, 155, 159
Unpünktlichkeit 33, 140 f.
Unterlassung von Führung 80
Unternehmenskultur 10, 59, 174
Unterstellungen 67, 84, 86 ff.
Unzuverlässigkeit 140, 158

V

Varela, Francisco 88, 90, 162
Veränderungen 161, 168
Verallgemeinerung 155
Verbalsprache 92
Verhalten 119
Verhalten in Führungspositionen 171
Verhaltensänderungen 122, 137 f., 141, 146 f., 150, 157
Verhaltenskopplungen 161
Verhaltensmuster 33, 55
Vermutung 77, 146
Verneinung 55, 87
Vernetzung 168
Versetzung 153, 156
Verständnis 81
Verständnisprobleme 82

Vertrauen 16, 39, 157, 163, 170
Vertrauen schaffen 139
Vertrauenskonflikt 157
Verzerrte Wahrnehmung 78
Vester, Frederic 161, 164
Vorbild 15, 28, 33, 45, 151
Vorgesetzter 19
Vorleben 16, 34, 101, 145, 183

W

Wachstum 42
Wahrnehmung 90, 92, 109, 115, 132, 136, 141, 144 f., 167
Waterman, Robert 98
Werte 10
Widerstand 62
Wiener, Norbert 147

Z

Zeit 99 f., 141, 172
Zeitersparnis 122
Zettelwirtschaft 112
Ziele 40 f., 56, 119, 121, 142, 147, 152, 166, 175, 184
Zielkonflikte 175
Zuhören 65, 81 f.
Zuständigkeiten 165
Zwischenziel 176

Jacobi, Jens-Martin
13 Leitbilder des Managers von morgen
1989, 140 S., Geb. DM 38,-
ISBN 3 409 19134 8
Jeder, der sich mit diesem Buch beschäftigt, erhält die Chance, seine persönliche Wirkung auf andere zielgerichtet zu verbessern und damit die Qualität seiner Ausstrahlung zu erhöhen.

Kraushar, Peter
Unternehmensentwicklung in der Praxis
1989, 286 S., Geb. DM 68,-
ISBN 3 409 19659 5
Falsche Markteinschätzung, personelle Fehlbesetzung sind häufig Ursachen für Mißerfolge bei der Unternehmensentwicklung. Das Buch zeigt am Beispiel namhafter Unternehmen Erfolge und Fehlschläge auf.

Darazs, Günter H.
Computer-Dimensionen
1988, 271 S., Geb. DM 68,-
ISBN 3 409 18700 6
„...Das Buch bietet nicht nur umfassendes informationstechnologisches Knowhow, sondern stellt auch dessen Einsatz verständlich und anwendungsorientiert dar. Somit ist es ein wichtiger Begleiter auf dem Weg in die Informationsgesellschaft von morgen. ..."
VDI Nachrichten 6.89

Maderthaner, Wolfgang
Der Kundenmanager
1987, 176 S., Geb. DM 64,-
ISBN 3 409 13713 0
„..., beschreibt die Instrumente für die Umsetzung des Kunden-Management-Konzeptes und belegt an Unternehmensbeispielen, wie dieses Konzept in der Praxis funktionieren kann."
absatzwirtschaft 3/88

Hirzel, Matthias
Managementeffizienz
4., erweiterte Auflage 1988,
265 S., Geb. DM 69,-
ISBN 3 409 49618 1
Dieser bewährte Ratgeber gibt praktische Anregungen und hilft, Fehler zu vermeiden. Die Neuauflage wurde um das Thema „Vortrag und Präsentation" erweitert.

Menz, Adrian P.
Menschen führen Menschen
1989, 232 S., Geb. DM 68,-
ISBN 3 409 13124 8
„...Das Buch zeigt, wie Unternehmen menschlicher, Vorgesetzte verbindlicher und Mitarbeiter unternehmerischer werden. ..."
Platow Brief

Pinchot, Gifford
Intrapreneuring
1988, 400 S., Geb. DM 78,–
ISBN 3 409 18702 2
„... ist ein Leitfaden für Unternehmer und Manager, diese besondere Spezies ... gezielt zu fördern ..."

Arthur D. Little Intern. (Hrsg.)
Management des geordneten Wandels
1989, 221 S., Geb. DM 68,-
ISBN 3 409 13345 3
„.. vermittelt das Buch eine hochkonzentrierte Portion wertvoller Tips und Denkanstöße für Unternehmer. Das ist natürlich eine Empfehlung wert."
Markt & Technik 16.6.1989

Heintel, Peter /
Krainz, Ewald E.
Projektmanagement
1988, IX, 250 S.,
Geb. DM 68,-
ISBN 3 409 13201 5
Dieses Buch zeigt Perspektiven auf, wie der Widerspruch zwischen entgegengesetzten Organisationsprinzipien in einer Organisation zu handhaben ist.

Oess, Attila
Total Quality Management
1989, 218 S., Geb. DM 68,-
ISBN 3 409 13622 3
Dieses Buch liefert detaillierte Handlungsanweisungen für die Umsetzung im Unternehmen.

Achterholt, Gertrud
Corporate Identity
1988, 208 S., Geb. DM 78,-
ISBN 3 409 13620 7
Nach einer Bestandsaufnahme beschreibt die Autorin theoretisch fundiert und in der Praxis nachvollziehbar wie eine Corporate Identity zu planen, zu organisieren und umzusetzen ist.

GABLER

Management Perspektiven

Führungskräfte in der Wirtschaft stehen täglich vor neuen Herausforderungen. Sie brauchen Visionen, die ihnen den Weg in die Zukunft aufzeigen. Genauso wichtig sind aber auch praktische Handlungsanweisungen, die eine Verbindung vom Heute zum Morgen herstellen.

Voigt, Jörn F.
Die vier Erfolgsfaktoren des Unternehmens
1988, 202 S., Geb. DM 68,-
ISBN 3 409 13203 1
„... Es erinnert in seiner erfrischenden Sprache und Darstellung sehr an amerikanische Management-Lektüre. Dazu tragen auch die vielen, praktischen Beispiele bei, ..."
Die Welt 17.9.1988

Arthur D. Little Intern.(Hrsg.)
Management des geordneten Wandels
1989, 221 S., Geb. DM 68,-
ISBN 3 409 13345 3
„.. vermittelt das Buch eine hochkonzentrierte Portion wertvoller Tips und Denkanstöße für Unternehmer. Das ist natürlich eine Empfehlung wert."
Markt & Technik 16.6.1989

Schulz, Dieter u.a.
Outplacement
1989, 180 S., Geb. DM 68,-
ISBN 3 409 13837 4
Outplacement - durchgeführt von kompetenten Beratern - ist die optimale Lösung in einer beruflichen Situation, die keinen anderen Ausweg als die Trennung zuläßt. In diesem Buch wird erstmalig der Gesamtkomplex behandelt.

Gabler Management Perspektiven stellt sich diesem Anspruch, schlägt neue Wege ein, bietet Leitbilder, ohne den Bezug zur Realität zu verlieren. Die Autoren sind kompetente und überaus erfolgreiche Praktiker - oft mit fundierter wissenschaftlicher Ausbildung -, die verständlich und leicht lesbar Trends aufgreifen, Perspektiven eröffnen, eigene Erfahrungen weitergeben und Instrumente für zukunftsorientiertes Handeln liefern. Sie machen Visionen zu erreichbaren Realitäten. Ihre Erkenntnisse können die Leser unmittelbar umsetzen und damit ihr Unternehmen zum Erfolg führen.

Gabler Management Perspektiven sind eine anregende Lektüre für alle Entscheidungsträger, die Chancen der Zukunft für sich selbst und für ihre Unternehmen nutzen und ihrer Konkurrenz einen Schritt voraus sein wollen.

Weitere Informationen erhalten Sie bei Ihrem Buchhändler oder direkt vom Verlag, Taunusstr. 54, 6200 Wiesbaden
Telefon 0 61 21 / 5 34-69

MIX
Papier aus verantwortungsvollen Quellen
Paper from responsible sources
FSC® C105338

If you have any concerns about our products,
you can contact us on
ProductSafety@springernature.com

In case Publisher is established outside the EU,
the EU authorized representative is:
**Springer Nature Customer Service Center GmbH
Europaplatz 3, 69115 Heidelberg, Germany**

Printed by Libri Plureos GmbH
in Hamburg, Germany